科普江苏创作出版扶持计划项目

传统文化中的

科学

贲德 莫砺锋 主编

江苏省科普作家协会 编著

CHUANTONG
WENHUA ZHONG DE
KEXUE

凤凰出版社

图书在版编目（CIP）数据

传统文化中的科学 / 贲德，莫砺锋主编；江苏省科普作家协会编著. -- 南京：凤凰出版社，2025. 5.
ISBN 978-7 5506-4504-2

Ⅰ. Z228.2

中国国家版本馆 CIP 数据核字第 2025DV3405 号

书　　　名	传统文化中的科学	
主　　　编	贲　德　莫砺锋	
编　　著	江苏省科普作家协会	
策 划 编 辑	崔广洲	
责 任 编 辑	彭子航　蔡芳盈	
特 约 编 辑	张　亮	
装 帧 设 计	潇　枫	
责 任 监 制	程明娇	
出 版 发 行	凤凰出版社（原江苏古籍出版社）	
	发行部电话 025-83223462	
出版社地址	江苏省南京市中央路 165 号，邮编：210009	
照　　排	江苏凤凰制版有限公司	
印　　刷	江苏凤凰扬州鑫华印刷有限公司	
	江苏省扬州市江阳工业园蜀岗西路 9 号，邮编：225008	
开　　本	652 毫米×960 毫米　1/16	
印　　张	20.5	
字　　数	238 千字	
版　　次	2025 年 5 月第 1 版	
印　　次	2025 年 5 月第 1 次印刷	
标 准 书 号	ISBN 978-7-5506-4504-2	
定　　价	128.00 元	

（本书凡印装错误可向承印厂调换，电话：0514-85868858）

编委会名单

主编

贲　德　　莫砺锋

编著

江苏省科普作家协会

执行主编

刘玉柱

策划统筹

张　洁

编写组成员

（按姓氏笔画为序）

王梓玮　　叶延鹏　　刘骁源　　李香雪　　吴天状

陈　瑜　　赵琦睿　　钟心怡　　姜　锐　　黄俊哲

黎俊杰

前言

中华文化源远流长，中华文明博大精深。在五千多年的文明长河中，我国古代劳动人民创造了辉煌灿烂的文化，至今仍在被我们传承与发扬。近代以来，西方科学技术的快速发展给我国社会带来了前所未有的变化，同时也在一定程度上冲击了我们对自身优秀文明成果的文化自信。然而，中华文化的生命力从未因时代的变迁而减弱，相反，其深厚的底蕴与独特的智慧正日益受到世界的关注。在全球化浪潮奔涌的今天，我们比任何时候都更需要重新认识自己的文明，从中汲取智慧，增强文化自信，推动中华优秀传统文化创造性转化、创新性发展。

《传统文化中的科学》正是顺应这一时代使命而诞生，该书致力于推动传统文化与科学的互动，以期实现二者的互鉴互促。本书由中国工程院院士、教育部社会科学委员会委员担任主编，从优秀传统文化中的科学元素入手，深入挖掘这些优秀传统文化元素背后的科学原理与人文智慧，尝试以现代科学视角解读传统文化中的科学现象，运用"古今对比"与"跨学科阅读"两大特色方式，深入浅出地对我国古代的"神话传说""经典诗词""常用成语""传统艺术""科技工程"五大板块进行讲解，图文并茂地为青少年读者们补充"嫦娥奔月"故事中隐藏的科学内容、揭秘敦煌壁画背后的科学原理……在增强内容科学性与趣味性的同时，努力实现科学素养与文化自信的有机统一。

文化是一个民族的灵魂，科学是人类进步的阶梯。文化传承不是简单的复刻，而是创造性的转化。本书犹如一座架设在传统与现代之间的虹桥，邀请每一位青少年读者共同参与这场跨越五千年的智慧接力。我们衷心希望本书能够帮助更多青少年读者发现中华优秀传统文化中的科学之美，感受其历久弥新的魅力，从而增强文化认同，坚定文化自信，共同为新时代中国特色社会主义事业和实现中华民族伟大复兴的中国梦添砖加瓦。

中华文明是人类历史长河中的璀璨明珠，五千载文明积淀中蕴含着跨越时空的永恒智慧。当我们驻足回望，审视传统，会惊觉《齐民要术》"三才"理论中的系统思维，为现代农业提供历史启示；《天工开物》完备的工艺记载，成为工业考古的珍贵文献；《梦溪笔谈》对自然现象的缜密观察，彰显了实证精神的可贵萌芽。在这片古老的土地上，先民们以"参验务实"的态度认知世界，用"道器相济"的智慧改造自然，这些思想特质至今仍在启迪创新。期待本书能成为您书架上的"文化解码器"，让传统与现代的对话，激荡出属于这个时代的思想火花。

目录

Contents

1 神话中的科学

2 诗词中的科学

3 成语中的科学

4 艺术中的科学

神话中的科学

1 _____

嫦娥奔月与中国探月工程

传统文化中的科学

逮至尧之时，十日并出，焦禾稼，杀草木，而民无所食；猰貐、凿齿、九婴、大风、封豨、修蛇，皆为民害。尧乃使羿诛凿齿于畴华之野，杀九婴于凶水之上，缴大风于青丘之泽，上射十日而下杀猰貐，断修蛇于洞庭，禽封豨于桑林，万民皆喜……

——《淮南子·本经训》

等到了尧的时候，十个太阳一同出来，烧焦了庄稼和草木，百姓没有食物可吃；猰貐、凿齿、九婴、大风、封豨、修蛇，都一起出来祸害百姓。尧便派后羿在畴华之野杀死了凿齿，在凶水之上杀掉了九婴，在青丘之泽射死了大风，向上射落了十个太阳，在下射杀了猰貐，在洞庭湖斩断了修蛇，在桑林擒获了封豨，百姓们都非常高兴……

羿请不死之药于西王母，恒娥窃以奔月，怅然有丧，无以续之。

——《淮南子·览冥训》

后羿从西王母那里求得不死之药，恒娥（恒娥，后羿的妻子）偷吃而奔上了月宫，后羿怅然失意，若有所丧，没有办法再得到不死之药了。

嫦娥飞天，月宫传情

　　嫦娥飞天后虽孤独地生活在月宫，却仍然心系人间，时时刻刻关注着人们的幸福，给人们带来团圆与祥和。同时，嫦娥奔月也成为中秋节的佳话，寄托了人们对于家庭团圆和美好生活的期望。此外，嫦娥的形象代表了坚韧和勇敢的女性力量，她在面对困难和挑战时选择了勇往直前，这种精神被视为中华民族精神的一部分，激励着人们勇敢面对各种困难和挑战。

古人笔下的嫦娥

传统文化中的科学

相逢幸遇佳時節
月下花前且把盃

　　嫦娥通过飞天的方式到达了月宫，成为月宫的仙女，这体现了古人对于探索未知、追求进步的渴望，也鼓励人们要勇于探索、不断创新，以推动社会的进步和发展。此外，嫦娥奔月的故事也成为中国现代科技发展的象征，特别是中国的探月计划。该计划的名称源自这个神话故事，体现了中国人民对宇宙探索的长远目标和决心。

月梦初启：探月之路溯源

在浩渺无垠的宇宙中，有一颗蓝色的星球，那是我们的家园——地球。而在这星球的夜空中，总有一轮明亮的月亮，它静静地悬挂在那里，仿佛守护着我们的梦境。自古以来，人类就对这轮明月充满了好奇与向往，它不仅仅是一盏照亮黑夜的明灯，更是我们探索深空的起点。月球一直是人类非常关注的星球，它既是我们地球唯一的天然卫星，也是离地球最近的天体，它与地球之间的平均距离约为384400千米。

自1970年中国成功发射第一颗人造地球卫星以来，中国的航天事业已经有了长足的进步。在卫星通信、卫星导航、载人航天等领域，中国都取得了重要的突破和成就。这些经验和技术的积累，为中国开展月球探测工程提供了有力的支撑和保障。2004年，那是一

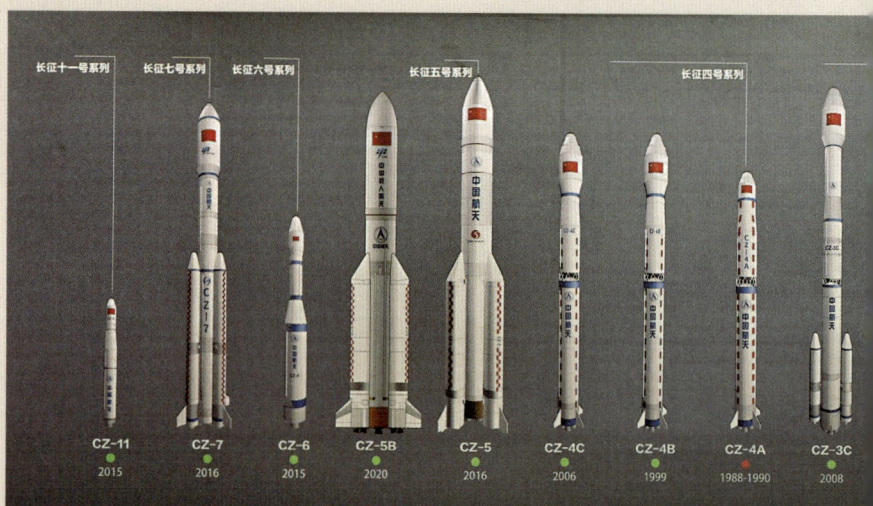

传统文化中的科学

个激动人心的时刻。在这一年，中国，这个拥有五千年文明史的古老国度，正式启动了月球探测工程，并将其命名为"嫦娥工程"。这一工程的启动，不仅是中国航天事业从近地向深空拓展的起点，更是我们中华民族向宇宙深处迈出的坚实步伐。

那么，为什么我们要探索月球呢？或许有人会说，月球上有什么好玩的，不就是一片荒凉吗？但其实，月球上蕴藏着许多我们尚未解开的谜团。比如，月球是如何形成的？它的内部结构是怎样的？它的表面为什么会有那么多陨石坑？这些问题，都需要我们通过科学探索来解答。而"嫦娥工程"，就是这样一个让我们能够解答这些问题的平台。通过发射月球探测器，我们可以对月球进行近距离的观测和探测，获取大量的科学数据。这些数据将帮助我们更好地

中国长征系列运载火箭

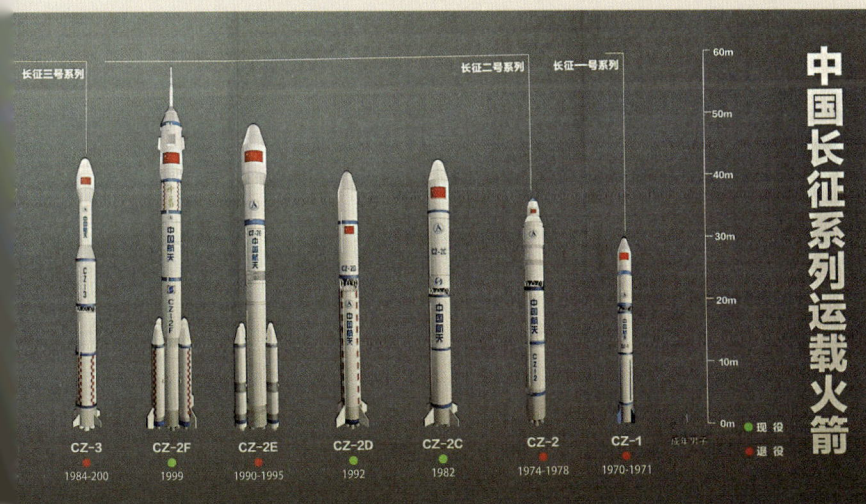

中国长征系列运载火箭

长征三号系列　　　　　　　　　　　　　　长征二号系列　　长征一号系列

60m
50m
40m
30m
20m
10m
0m
● 现 役
● 退 役

CZ-3　　CZ-2F　　CZ-2E　　CZ-2D　　CZ-2C　　CZ-2　　CZ-1
1984-200　1999　　1990-1995　1992　　1982　　1974-1978　1970-1971

了解月球，进而为未来的深空探测打下坚实的基础。当然，"嫦娥工程"的实施并不容易，它需要科学家们进行大量的研究和试验，需要工程师们进行精密的设计和制造。在这个过程中，每一位参与者都付出了巨大的努力。但是，当他们看到探测器成功发射，在太空中稳定运行的那一刻，所有的付出都化作了满满的喜悦和自豪。

随着时间的推移，"嫦娥工程"已经取得了许多重要成果。我们成功地发射了多个月球探测器，对月球进行了深入的探测和研究。这些成果不仅为我们解答了许多关于月球的谜团，更为我们未来的深空探测提供了宝贵的经验和技术支持。

月宫之旅：探秘，筑梦，守望

探秘：揭开月球的神秘面纱

 月球，这颗陪伴我们亿万年的自然卫星，一直以来都是人类探索的热门目标。随着"嫦娥工程"的启动，我们正式迈出了对月球进行深入探索的步伐。探秘阶段分为三期：第一期"绕"，在 2004 年至 2007 年，研制和发射我国首颗月球探测卫星，实施绕月探测。这一时期主要任务是研制和发射月球探测卫星，并初步建立我国月球探测航天工程系统。第二期"落"，在 2013 年前后，实现首次月球软着陆和自动巡视勘测，对着陆区地形地貌、地质构造和物质成分等进行探测，并开展月基天文观测。第三期"回"，在 2020 年

中国月球探测工程三期示意图

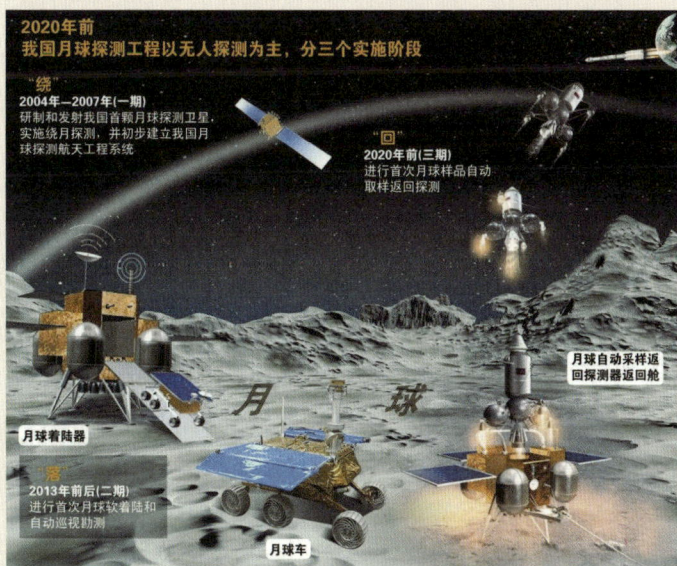

2020年前
我国月球探测工程以无人探测为主，分三个实施阶段

"绕"
2004年—2007年（一期）
研制和发射我国首颗月球探测卫星，
实施绕月探测，并初步建立我国月
球探测航天工程系统

"回"（三期）
2020年前
进行首次月球样品自动
取样返回探测

月球自动采样返
回探测器返回舱

月球着陆器

"落"
2013年前后（二期）
进行首次月球软着陆和
自动巡视勘测

月球车

前，进行首次月球样品自动取样返回探测，在现场分析取样的基础上，采集关键性样品返回地球。此外，科学家们还对月球的环境进行了深入研究。月球没有大气层，表面温度极端，这对人类的生存提出了巨大的挑战，但我们并没有因此停下探索月球的脚步。

筑梦：登月计划新篇章

在深入了解月球的基础上，科学家们开始构想实现载人登月，这将是"嫦娥工程"的重要一步，也是人类探索太空的重要里程碑。为了实现这一梦想，科学家们付出了巨大的努力，他们设计先进的航天器，制订详细的登月计划。勇敢的宇航员们将在未来身着先进的宇航服登上月球，这些宇航服不仅具备优异的防护性能，还能够提供舒适的环境，确保宇航员们能够在月球表面长时间工作。宇航员们将开展一系列科学实验，探索月球的地质结构、气候环境以及潜在的资源。这些实验将为我们提供更多关于月球的深入认识，进一步揭示月球的奥秘，而寻找潜在的矿产资源将为人类未来的太空探索提供重要支持。此外，宇航员们还将开展资源开发实验，研究如何在月球上建立可持续的生态系统，为人类在太空中的长期居住和工作奠定基础。

守望：长期驻留月球的梦想

　　实现了登月和太空行走的梦想后，我们的目光变得更加长远——长期驻留月球，这是"嫦娥工程"的终极目标，也是我们对太空探索的无限追求。长期驻留月球需要解决许多技术难题，从建立稳定的生命支持系统，到确保通信和导航的畅通无阻，再到应对太空辐射和微重力环境对人体健康的影响，每一步都需要科学家们付出巨大的努力。然而，科学家们并没有退缩，他们通过不断的努力和创新，正逐步攻克这些难题。长期驻留月球不仅意味着我们可以更深入地研究月球的奥秘，还可以为未来的太空探索提供有力的支持。月球将成为我们前往火星或其他星球的中转站，为我们探索更广阔的宇宙空间打下坚实的基础。

嫦娥使者：探测器家族揭秘

"嫦娥一号"作为我国航天史上的璀璨明珠，于 2007 年 10 月 24 日，在西昌卫星发射中心由"长征三号甲"运载火箭搭载，划破天际，成功踏上了通往月球的征途。"嫦娥一号"是我国自主研制并发射的首个月球探测器，使我国首次获得了全月球影像图。这不仅标志着中国成为世界上第五个发射月球探测器的国家，正式踏入深空探测的广阔领域，更向世界展示了中国航天科技的飞速发展。

紧接着，"嫦娥二号"的升空再次书写了中国探月史上的新历程。2010 年 10 月 1 日傍晚，当"长征三号丙"运载火箭在西昌卫星发射中心点火升空，携带着"嫦娥二号"卫星冲向宇宙时，全国上下为之振奋。作为探月工程二期的技术先导星，"嫦娥二号"不仅完成了预定的探测任务，更在 2011 年 4 月 1 日成功进行了拓展试验，实现了对小行星的飞越和再拓展探测，为中国在深空探测领域积累了宝贵的经验。

随后，"嫦娥三号"探测器于 2013 年 12 月 2 日从西昌卫星发射中心启航，开启了我国月球探测的新纪元。它携带着着陆器和巡视器（"玉兔号"月球车），成功实现了中国首次月球软着陆，并开展了"观天、看地、测月"等一系列科学探测任务。令人震撼的是，"嫦娥三号"在月球上持续工作的时间创下了新的世界纪录，其拍摄的月面照片清晰度极高，为人类提供了珍贵的月球研究资料。

"嫦娥四号"则更进一步，挑战了月球背面的未知领域。作为"嫦娥工程"中的第四颗卫星，它于 2018 年 12 月 8 日从西昌卫星发射中心发射升空，并于次年 1 月 3 日成功在月球背面实现软着陆。这一壮举不仅是人类历史上的首次，更是对月球背面地质条件的深入研究提供了重要支持。"嫦娥四号"针对月球背面的特殊环境进

行了适应性改进，通过持续的科学探测，不断刷新在月球背面工作时间的纪录，为人类的月球认知提供了更多有价值的信息。

而"嫦娥五号"探测器，更是中国航天科技的集大成者。作为"嫦娥工程"三期的关键一环，"嫦娥五号"完成了采样返回任务。它由轨道器、返回器、着陆器和上升器等多个部分组成，通过一系列复杂而精确的操作，成功地从月球表面采集了样本并返回地球。这一壮举不仅展示了中国深空探测技术的卓越实力，更为人类对月球的深入研究提供了珍贵的实物资料。同时，"嫦娥五号"的成功发射和返回，也再次彰显了中国在航天领域的强大实力和创新能力，为全球航天领域注入了新的活力。

北京时间 2024 年 5 月 3 日 17 时 27 分，"嫦娥六号"探测器在"长征五号"运载火箭的托举下，成功奔向 38 万千米外的"月宫"，开启了月球背面采样之旅，并实现了人类首次月背"挖土"并成功带回样本的壮举。对于月球这颗地球唯一的天然卫星，人类已进行过多次探测，我国此前也已完成由"嫦娥一号""嫦娥二号""嫦娥三号""嫦娥四号""嫦娥五号"执行的多次任务，实现了绕月探测、落月巡视和月球正面采样返回。"嫦娥六号"的成功返回，标志着我国探月工程技术的又一次飞跃，展现了高精度返回技术、月球背面采样与封装技术、自主操作与智能控制技术等多方面的新突破，同时促进了国际合作与科学数据的共享，为全球月球研究提供了宝贵的第一手资料，进一步激发了人类对宇宙奥秘的好奇心和探索欲，预示着未来月球探索合作的新可能。

揽月归心：意义与使命探寻

　　探月工程，如同一把钥匙，为我们打开了通往月球奥秘的大门。科技的飞速发展，使人类对月球的向往逐步变成现实。探月工程不仅是我们对月球地质、大气等科学问题的深入研究，更是我们对未知世界的勇敢探索。

　　在探月的过程中，科学家们利用先进的探测器，对月球进行了全方位的观察和测量。他们揭示了月球的地表特征、重力场分布、磁场结构等奥秘，让我们对月球的演化过程和内部结构有了更深入的了解。同时，探测器还拍摄了无数高清的月球照片，让我们仿佛置身于月球之上，感受那宁静而神秘的世界。通过探月工程，我们更加深入地了解了月球的地质和大气环境。月球表面的陨石坑和山

"玉兔二号"月球车

　　　　　　　　　　　　　　　　　　　传统文化中的科学

脉，是月球历史的见证，它们记录了月球的演化过程；而月球上的岩石和矿物，更为我们提供了研究地球和太阳系起源的宝贵线索。同时，探月工程还让我们对月球的大气环境有了更深入的认识。虽然月球没有大气层，但其表面仍有微量的气体分子，科学家们通过研究这些气体分子，揭示了月球大气的组成和演化过程，为我们进一步了解月球提供了重要依据。

探月工程的实施，不仅让我们更深入地了解月球，更为未来的载人登月和建立月球基地打下了坚实基础。首先，探月工程为我们积累了丰富的经验和数据，为未来的载人登月任务提供了重要参考。科学家们可以根据这些数据，制订更加精准的登月计划和路线，确保宇航员的安全和任务的顺利完成。其次，探月工程还为我们培养了一支优秀的航天人才队伍。在探月过程中，科学家们需要解决各种技术难题和挑战，不仅磨炼了意志和能力，更积累了丰富的经验，这是他们未来航天探索的宝贵财富。最后，探月工程还为我们提供了重要的技术支撑。在探月过程中，我们研发了许多先进的航天技术和设备，它们不仅可以用于月球探测任务，还可以为未来的载人登月和月球基地建设提供有力支持。

探月工程不仅是一项科学探索任务，更是一项具有深远意义的历史使命。它让我们更加深入地了解月球的奥秘，拓宽了我们对宇宙的认知视野。同时，它还为未来的载人登月和建立月球基地铺就了道路。

月球表面

探新境，拓智慧

手可摘星辰

探月工程虽看似遥远，其影响却深入我们的日常生活。这一宏大工程不仅推动了我国高科技产业的飞速发展，还带动了相关产业链的繁荣。从精密仪器的制造到航天技术的研发，每一步都创造着新的就业机会。同时，探月工程中的技术突破与创新也为其他领域提供了源源不断的灵感，促进了科技的整体进步，让我们的生活更加便捷和高效。

未来可展望

展望未来，科技的进步将引领我们走向更加广阔的宇宙。我们可以预见，更先进、更智能的探测器将陆续飞向月球，为我们揭开月球深藏的奥秘。从月球的地质结构到潜在的资源，每一项科学发现都将推动人类对宇宙的认知。更激动人心的是，随着载人登月和月球基地建设的推进，人类将开启全新的太空时代，真正实现在月球上的长期居住与探索，书写人类探索宇宙的崭新篇章。

祝融探火星

人类对深空探索的疆域不应局限于地月系统。"祝融号"火星车，作为中国太空探索的杰出代表，由"天问一号"探测器搭载，精准着陆于火星表面。它肩负着地质勘测与环境检测的重任，配备了一系列高精尖的科学探测设备。"祝融号"在火星上辛勤工作，不断传回宝贵的数据和图像，让我们对火星有了更深刻的认识。它的成功着陆与探测，不仅彰显了我国航天科技的实力，更为中国太空探索事业书写了新的辉煌篇章。

大禹治水与现代工业

传统文化中的科学

当尧之时，天下犹未平，洪水横流，泛滥于天下，草木畅茂，禽兽繁殖，五谷不登，禽兽逼人，兽蹄鸟迹之道交于中国。尧独忧之，举舜而敷治焉。舜使益掌火，益烈山泽而焚之，禽兽逃匿。禹疏九河，瀹济、漯而注诸海，决汝、汉，排淮、泗而注之江，然后中国可得而食也。当是时也，禹八年于外，三过其门而不入……

——《孟子·滕文公上》

尧主政天下的时候，天下还没有治理好，洪水肆虐，泛滥天下，草木茂密生长，鸟兽快速繁殖，谷物却没有收成，飞禽走兽危害人类，华夏大地遍布它们的足迹。只有尧一个人为此忧虑，于是选拔舜来总管治理工作。舜选派伯益担任掌火官，伯益便将山野沼泽分割成块逐片焚烧，迫使鸟兽逃跑隐匿。禹又疏浚九河，把济水、漯水疏导入海，挖掘汝水、汉水，疏通淮水、泗水，引导众水流入长江，这样中原百姓才可以耕种吃上饭。在这个时候，禹八年奔波在外，三次经过自己家门都顾不上进去……

疏导洪流，安定民生

在古代中国，大禹治水的故事被誉为一部波澜壮阔的史诗。它不仅是对先民智慧与勇气的颂扬，更是对人与自然和谐共生理念的深刻诠释。大禹带领百姓，跋山涉水，实地考察地形水势，通过修筑堤坝、开凿河渠、引导水流等方式成功地控制了洪水。大禹长年与民众一起奋战在外，将个人利益置之不顾，三过家门而不入，耗尽了心血和体力，最终完成了治水的伟业。

大禹治水强调"疏导"而不是"堵塞"，顺应自然规律，因势利导，这一理念对古代治水产生了深远影响。古代中国的水利工程多以疏浚河道、修建堤坝和分洪道为主，而非简单地筑高堤坝阻挡洪水。都江堰，作为古代中国治水工程的典范，利用岷江特性，巧妙分流灌溉与泄洪，历经两千两百多年仍发挥功效，被誉为"世界

神奇的都江堰

水利文化的鼻祖"。灵渠，则是连接湘江与漓江的运河奇迹，加强了岭南与中原的联系，推动了经济与文化交流，展现了古人的智慧与毅力。两者都是中国古代治水工程的杰出代表。

从大禹治水的神话传说，到现代治水工业的蓬勃发展，中华民族始终与水共舞。如今，治水技术在城市建设中举足轻重，泵站、水库等设施有效地控制洪水，保障供水。生态治水注重水体自净与生态平衡，实现人水和谐。信息化技术为现代治水注入智慧，实时监测、预警与优化，提高治水效率与科学性。大禹治水的智慧和坚韧，为我们留下了宝贵的治水精神，指引着我们不断探索和完善治水技术。

秀美的灵渠

智慧导航：大禹智控流域

    大禹治水，展现的是先民对水域治理的卓越智慧和不懈追求。而今，现代治水工业则在大禹的精神指引下，用科技的力量将水资源管理提升到新的高度。模拟大禹治水策略，不仅是对古代智慧的传承，更是对现代科技的创新应用。通过雷达探测技术与数学建模的结合，我们可以模拟出更为真实、精确的流域环境，进而制订出更为科学、有效的治水方案。这种模拟实践的方式，不仅可以提高流域管理的效率，还可以降低治水成本，实现经济效益与社会效益的双赢。

雷达流速仪安装示意图

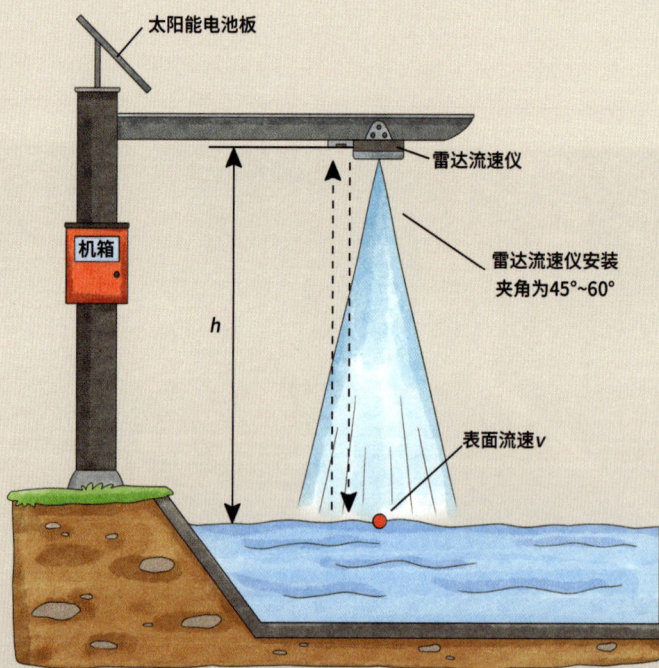

太阳能电池板

机箱

h

雷达流速仪

雷达流速仪安装
夹角为45°~60°

表面流速v

传统文化中的科学

在运用雷达探测技术和模拟大禹治水策略的基础上，我们可以实现流域的智能化管理。智能化管理不仅意味着对数据的收集和分析，更包括对数据的整合和挖掘，以发现潜在的问题和趋势。通过智能化的数据分析系统，我们可以实时监测流域内的各项数据，包括水位、流量、水质等，确保在第一时间发现异常情况。一旦发现问题，系统可以迅速启动应急预案，及时调动资源进行处理，从而有效避免或减少灾害损失。

　　此外，智能化管理还可以帮助我们更好地预测和规划流域的未来发展趋势。通过大数据分析，我们可以预测流域内的水量变化、水质变化等，为制定长期发展规划提供科学依据。同时，智能化管理还体现在对流域生态环境的保护上。通过实时监测和数据分析，我们可以更加精准地掌握流域内的生态环境状况，制定出更加科学合理的生态保护措施，确保流域的可持续发展。通过模拟大禹治水策略并借助雷达探测技术，我们可以实现流域的智能化管理，提高流域治理的效率和水平，为人民群众创造更加安全、舒适的生活环境。

风云洞察：气象守护大坝

在现代社会，大坝被视为重要的基础设施之一，它不仅为人类提供水资源和能源，还承担着防洪、灌溉等多项重要功能。然而，大坝的建设和运行往往受到自然灾害的威胁，尤其是极端天气条件下的影响。为了保障大坝的安全运行，气象监测成为不可或缺的一环。

气象监测数据在大坝建设和运行中的作用不可忽视。通过对数据的分析和预测，我们可以及时了解未来的天气变化情况，特别是那些可能导致洪水、暴雨等灾害的极端天气事件。这些信息为大坝管理者提供了宝贵的预警，使他们能够提前采取必要的防范措施，保障大坝的安全。

极端天气条件对大坝的影响不容小觑。暴雨可能引发洪水，增加了大坝承受水压的风险；强风和雷电则可能损坏大坝的结构，甚至引发崩塌。如果没有及时预警和防范，这些极端天气事件可能会给大坝带来严重的损害，甚至威胁到周边地区的安全。

气象监测具有很重要的意义。1. 提前预警：气象监测数据可以提前预警可能发生的极端天气事件，使大坝管理者有时间采取必要的措施，减少损失。2. 精准预测：现代气象监测技术越来越精密，能够提供更加准确的天气预测，为大坝管理者提供更可靠的信息支持。3. 科学决策：基于气象监测数据的分析和预测，大坝管理者可以进行科学决策，制定合理的防范和响应策略，最大限度地减少风险。

在大坝建设过程中，气象监测也扮演着重要角色。通过对建设地区气象条件的深入了解和分析，可以为大坝的设计和施工提供重要参考，确保其能够在各种天气条件下安全运行。

　　气象守护大坝，不仅是保障大坝安全运行的关键，也是现代社会对自然灾害应对能力的一次重要考验。相信随着气象监测技术的不断进步和应用，大坝在未来能够更加安全可靠地为人类服务。因此，我们应当充分认识到气象监测的重要性，加大对气象监测技术的研发和应用，为大坝的安全运行提供更加坚实的保障。

坝守江河：高能大坝有担当

　　江河，自古以来便是人类文明的发源地，滋养着亿万生灵，却也时常带来巨大的威胁。在人与自然的博弈中，高能大坝应运而生，成为守护江河安澜的坚实屏障。今天，我们就来深入探讨一下这些巍峨大坝在江河治理中的重要作用，感受它们的使命与担当。

　　我们先来了解一下大坝的构造原理。大坝通常由坝体、溢洪道、放水设施等部分组成，其建设需要综合考虑地形、地质、水文等多种因素。坝体的建造材料多样，有混凝土、土石料等，这些材料的选择与运用，都需经过精密的计算与实验，以确保大坝的稳固与安全。在建设过程中，大坝工程不仅是一项技术挑战，更是对人类意志与智慧的考验。工程师们需要克服种种困难，如地形复杂、气候

　　　　　　　　　　　　　　　　　　　　　　　　传统文化中的科学

多变等，才能将一块块砖石、一袋袋混凝土筑成巍峨的大坝。他们的辛勤付出，换来的是江河安澜与人民安居乐业。

大坝在江河治理中发挥着多方面的功能。首先是防洪功能。大坝能够调节水流，控制洪水下泄的速度和流量，有效减轻下游地区的洪涝灾害。在暴雨季节，大坝能够蓄积大量洪水，缓解上游压力；在干旱季节，又能放水灌溉，保障农业生产。这种调节功能，使得大坝成为江河治理中的关键一环。

其次是发电功能。许多大坝都设有水电站，通过水力发电为周边地区供应清洁能源。这种发电方式不仅环保，而且可持续，对于缓解能源紧张、促进经济发展具有重要意义。

三峡大坝

最后，大坝还具有灌溉功能。通过放水设施，大坝能够将水资源输送到农田，为农业生产提供稳定的水源，这对于保障粮食安全、促进农业现代化具有不可替代的作用。

大坝建设不仅带来水资源的稳定利用，还会对周边环境产生一定影响。在大坝周边，通常会形成生态湿地，为野生动植物提供良好的栖息地。同时，一些大坝还成为旅游景点，吸引着众多游客前来观光游览，为当地经济发展注入新的活力。

当然，大坝的建设与运营也面临着一些挑战。如何确保大坝的安全稳固？如何平衡经济效益与生态效益？这些问题都需要我们不断思考、探索与解决。在应对这些挑战的过程中，我们也看到了大坝的使命与担当。它们不仅是一道道坚固的屏障，守护着江河安澜，更是人与自然和谐共生的见证，展示着人类智慧与勇气的力量。

展望未来，随着科技的不断进步和社会的发展，大坝建设与管理将越来越智能化、精细化。我们相信，在人类的共同努力下，大坝将继续发挥其在江河治理中的重要作用，为人类社会提供更加稳定、安全、可持续的水资源保障。我们应当继续关注大坝的建设与管理，努力克服各种挑战，实现水资源的可持续利用，为人类社会的发展做出更大的贡献。

未来守望：科技治水新纪元

在当今社会，受气候变化、城市化进程以及人口增长等因素的影响，水资源管理和治理面临着前所未有的挑战。然而，随着科技的不断创新和进步，我们正站在科技治水新纪元的门槛上。面对各类治水挑战，新兴技术为我们提供了更高效的解决方案，不仅能实现水资源的科学保护和可持续利用，更赋予大禹治水精神新的时代内涵。

新科技助力治水

遥感技术：遥感技术的应用已经成为现代水资源管理和治理的重要手段。通过卫星遥感、无人机等技术，我们可以实现对水体的动态监测和分析，及时发现水体污染、演变趋势等问题，为治水决策提供科学依据。

人工智能与大数据：人工智能和大数据技术的发展为水资源管理和治理提供了新的思路和方法。通过利用人工智能算法和大数据分析，我们可以实现对水资源的智能化调控和管理，提高水资源利用效率，减少浪费。

智能传感器与物联网：智能传感器和物联网技术的应用使得水利设施的监测和管理更加智能化和高效化。通过在水库、河流、水泵站等关键位置安装传感器，我们可以实现对水文气象数据的实时监测和数据采集，为水资源管理提供实时数据支持。

水文模型与预测技术：水文模型与预测技术的发展使得我们对水资源的未来变化趋势有了更为准确的预测。结合大数据和气象模型，我们可以实现对降雨、洪水等极端天气事件的预测，为防洪抗灾提供重要依据。

科技的硕果

智慧水务平台：基于大数据和人工智能技术，一些地区已经建立了智慧水务平台，实现了对水资源的全流程管理和调度。通过实时监测水位、水质等信息，我们可以精准预测用水需求，实现水资源的科学调配和管理。

水资源智能调度系统：利用遥感技术和物联网技术，一些水利工程已经实现了智能化调度。根据实时监测的水文气象数据和水库水情，系统可以自动调整水库蓄水量和排水量，以满足不同时间段

智慧水务平台

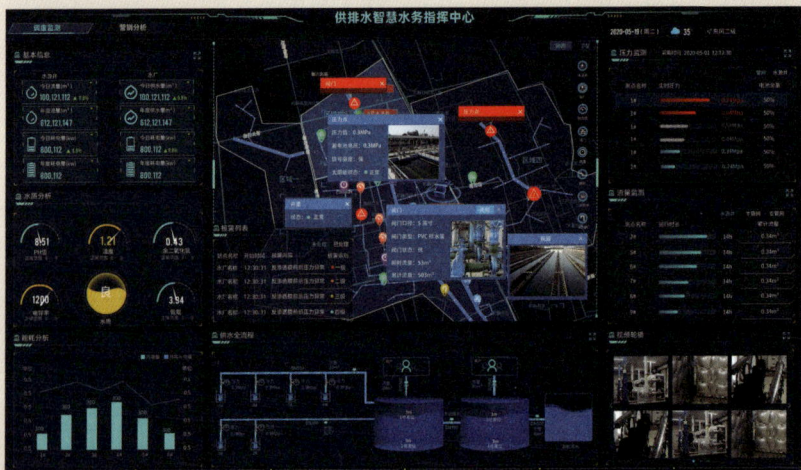

传统文化中的科学

的用水需求和防洪排涝需求。

　　水环境智能监测网：一些地方建设了水环境智能监测网，通过在水体中布设大量传感器，实现对水质、水温、溶解氧等指标的实时监测和预警。一旦发现水质异常，系统将立即报警并采取相应措施，以保障水体生态环境和人民健康。

　　科技治水新纪元给我们带来了无限的希望和可能性。未来，随着新技术的不断涌现和应用，我们有信心能够更好地保护水资源，实现水资源的可持续利用。同时，我们也应该继承和发扬大禹治水精神，勇于探索创新，为实现人与自然和谐共生贡献智慧和力量。

探新境，拓智慧

文化传承与工业创新：大禹治水精神的当代启示

大禹治水的故事，不仅是中国古代神话的瑰宝，更是我们民族坚韧不拔、敢于创新精神的生动体现，我们应该深入领会大禹治水精神在当代的深远意义。这种精神激励着我们，在面对困难和挑战时，要勇往直前，不屈不挠。在工业创新领域，大禹治水精神同样闪耀着智慧的光芒。它提醒我们，要敢于尝试新方法，用智慧和勇气解决现代工业发展中的种种问题。无论是技术的革新还是管理的创新，我们都需要像大禹一样，不断探索、不断进步。

人与自然和谐共生：绿色工业发展的探索与实践

大禹治水的故事告诉我们，人类应该尊重自然、顺应自然，与自然和谐共生，这一理念在现代工业发展中同样具有重要意义。随着工业化进程的不断加快，环境问题日益凸显，绿色工业发展成为人类面临的重要课题，我们应该深刻认识到人与自然的紧密联系。在工业发展中，我们应该注重环境保护，积极推动绿色工业的发展。只有这样，我们才能实现人与自然和谐共生，为子孙后代留下一个美丽家园。

女娲补天的五色石

传统文化中的科学

往古之时，四极废，九州裂，天不兼覆，地不周载；火爁炎而不灭，水浩洋而不息；猛兽食颛民，鸷鸟攫老弱。于是女娲炼五色石以补苍天，断鳌足以立四极，杀黑龙以济冀州，积芦灰以止淫水。苍天补，四极正；淫水涸，冀州平；狡虫死，颛民生……

——《淮南子·览冥训》

传说在遥远的古代，天地的四极突然失去了平衡，导致天空崩塌，大地裂开道道深渊，天空无法再完整地覆盖大地，大地也无法继续承载万物；火焰熊熊燃烧无法被熄灭，洪水汹涌澎湃无法被平息；凶猛的野兽吞食无辜的百姓，凶狠的鸟类抓取年老体弱的人。面对这样的灾难，女娲炼化了五色石来修补破损的天空，斩断了巨鳌的四只脚来稳固四极，杀掉了作恶的黑龙以拯救冀州的百姓，堆积了芦灰以止住泛滥的洪水。（经过女娲的努力，）天空终于得到了修补，四极也变得稳固；洪水逐渐退去，露出了干涸的大地，冀州也恢复了往日的太平；那些曾经危害人间的害虫被消灭，百姓们终于能够重新过上安宁、祥和的生活……

五色石传奇，女娲补天

　　女娲补天的神话传说，深深植根于中国文化之中，具有不可磨灭的历史意义。这个传说不仅反映了古人对生命起源的独特想象，展现了他们对生命诞生和繁衍的敬畏之情。同时，它还体现了古人在自然灾害面前的坚韧与勇敢。女娲炼石补天，象征着与自然灾害抗争、守护家园的决心。此外，这个神话传说也凝聚了古人对宇宙、自然、社会、生命等问题的深入思考，他们探索天地构造、自然现象，自然而然也产生了对五色石等材料科学的研究。这些思考不仅丰富了古代的文化和哲学，更为后世提供了宝贵的智慧和启示。

　　女娲补天的故事不仅在中国文化史上留下了浓墨重彩的一笔，更是中国材料科学发展的早期体现，激发了无数后人的研究兴趣。

何尊铭文现存最早"中国"

　　　　　　　　　　　　　　　　　　传统文化中的科学

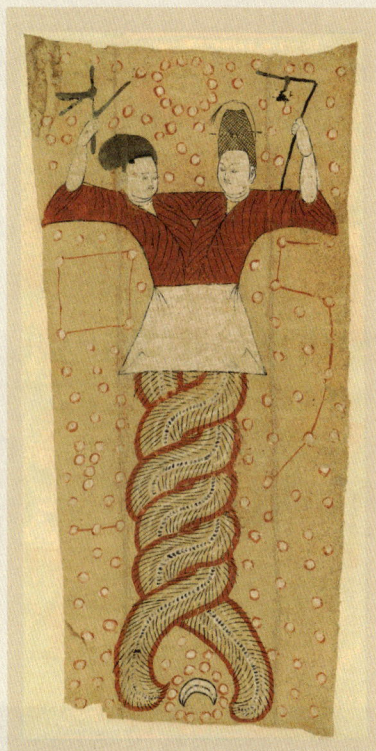

在中国古代，无论是青铜器的制造、铁器的炼制还是陶瓷的烧制、丝绸的织造等都展现了古人在材料科学方面的巨大努力。女娲补天的神话传说，为我们打开了一个理解材料科学的独特视角。它告诉我们，材料的性能并非由单一因素所决定，而是受到材料自身特性、制备工艺以及使用环境等多种因素的综合影响。同时，这一传说也启示我们，在材料科学的探索之路上，我们需要发挥无限的想象力和创造力，勇于尝试新的方法和思路。在现代材料科学的研究中，科学家们也积极从传统文化中汲取智慧，寻找创新的灵感。

材料科学：探索物质奥秘

　　材料科学，正是研究这些物质如何被创造、如何被利用的科学领域。它不仅是一门学科，更是一个充满神秘与魅力的探索领域。材料科学的世界包罗万象，金属、陶瓷、塑料、橡胶、复合材料……每一种材料都具有独特的性格与用途。比如，金属因其出色的导电和导热性能，成为电子设备与热力系统的首选；陶瓷则凭借高硬度和耐高温的特性，在餐具、瓷砖乃至航空领域大放异彩。早在古代，人们就开始利用天然材料制作工具。随着时代的演进，材料的种类日益丰富，加工技术也日趋精湛。工业革命的到来，更是让材料科学迎来了前所未有的发展。钢铁、玻璃等新材料的应用，极大地推动了社会的进步。

机械臂与半导体

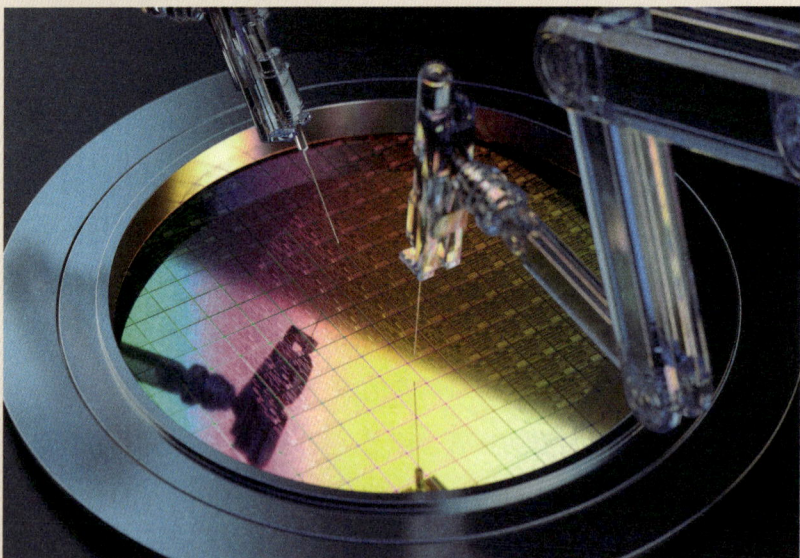

　　　　　　　　　　　　　　　　　　　传统文化中的科学

改革开放以来，我国的材料科学迎来了快速发展的黄金时期。随着科技的不断进步和经济的飞速发展，我国在新材料领域取得了显著的成就，特别是在纳米材料、生物材料、高分子材料等领域的研究和应用方面，已经达到了国际先进水平。进入 21 世纪，我国材料科学的研究方向更加多元化，包括绿色材料、智能材料、能源材料等新兴领域。这些多元化的研究不断推动材料科学的创新和发展，为我国的经济和社会发展做出了重要贡献。

我们的日常生活离不开材料科学。以智能手机为例，其外壳可能是由铝合金或塑料打造，而内部的芯片则是由硅等半导体材料构成。这些材料的选择，不仅影响着手机的外观和手感，更决定了其性能和寿命。此外，在医疗、交通、能源等领域，材料科学也发挥着举足轻重的作用。生物相容性材料为人工器官和医疗器械的制造提供了可能；轻质复合材料让飞机、汽车等交通工具更加轻盈、高效；而太阳能电池板则利用特殊半导体材料将太阳能转化为电能。

材料科学之所以引人入胜，是因为它蕴含着无尽的奥秘。每一种材料都有其独特的结构和性质，这些结构和性质决定了它们如何与其他物质相互作用，进而决定了它们的应用前景。科学家们通过研究材料的组成、结构和性能，不断探索新的材料和应用领域。他们利用先进的仪器和技术，深入观察和分析材料的微观世界，揭示其背后的物理和化学原理。这种对未知世界的探索过程，正是材料科学的魅力所在。

自修复探秘：混凝土的新生之旅

首先，让我们先来了解一下什么是自修复材料。我们都知道女娲用五色石填补天上的大洞，是一个巨大的工程，那是否有一种材料能够在受损后自我修复并恢复呢？自修复材料就拥有这样神奇的能力。自修复材料的工作原理主要是基于材料内部的特殊结构和修复剂，当材料受损时，这些修复剂会自动释放出来，填补损伤处，然后通过化学反应等方式将损伤部分重新连接起来，实现自我修复。当然，这些材料运用于生活的方方面面，也给生活提供了极大的便利。在建筑领域当中，对于混凝土来说自修复材料无疑是一大福音。这种材料能够使混凝土在受损后，自动进行修复，恢复其原有的结构和性能。具体来说，自修复材料对混凝土的帮助主要体现在以下几个方面：

延长使用寿命：混凝土在使用过程中，由于各种原因（如荷载、环境侵蚀等）会出现裂缝或损伤。这些裂缝或损伤如果不及时修复，会逐渐扩大，影响混凝土的使用寿命，而经常修复需要耗费大量的人工、资源，不仅增加了维护成本，还可能导致建筑结构的进一步损坏。自修复材料则可以自动填补这些裂缝或损伤，防止其进一步扩大，从而延长混凝土的使用寿命。

提升安全性：在一些极端情况下，如地震、火灾等，建筑物可能会受到严重的破坏。自修复材料能够在这些情况下迅速修复损伤，保持建筑物的稳定性和安全性，为人们的生命财产安全提供了更好的保障。

提高耐久性：混凝土在受到环境侵蚀时，会逐渐发生劣化，而自修复材料可以自动修复这些劣化部位，提高混凝土的耐久性。例如，在海洋环境中，混凝土很容易受到氯离子的侵蚀，自修复材料

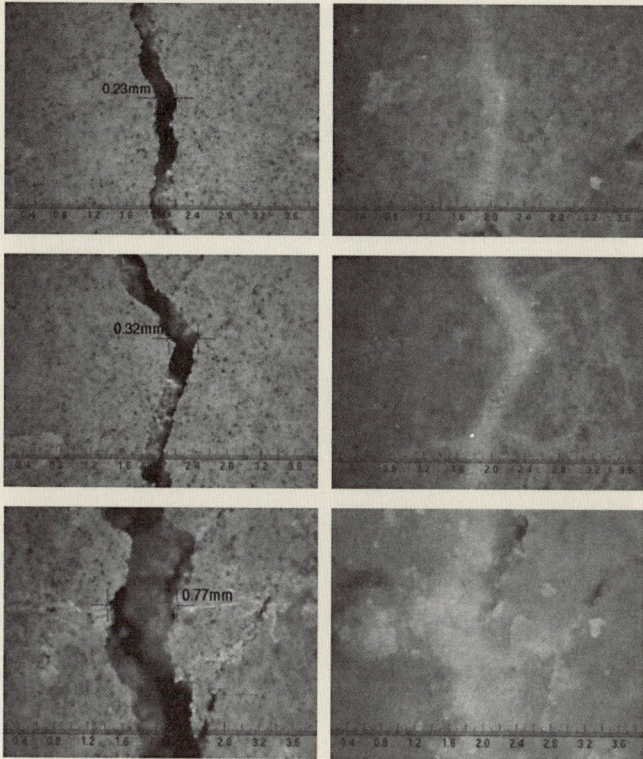

就可以自动修复这些裂缝和损伤，防止氯离子进一步侵蚀，从而提高混凝土的耐久性。

　　总之，自修复材料对混凝土有着多方面的帮助，随着科技的不断发展，相信自修复材料在混凝土领域的应用会越来越广泛。

纳米王国：微观的启蒙

　　纳米材料可以理解为在三维空间中至少有一维的尺寸处于纳米量级（1~100 nm）的材料，或者是由这些纳米尺度材料作为基本单元构成的材料。由于其尺寸已接近电子的相干长度和光的波长，并具有较高的比表面积（单位质量或单位体积的物质所拥有的表面积大小），纳米材料往往表现出与常规材料显著不同的物理、化学特性，如熔点、磁性、光学、导热、导电特性等。科学家们通常利用先进的实验设备和技术手段，在纳米尺度上精确操控和制备材料。通过高能粒子束轰击、化学合成等方法，制造出各种具有特殊功能的纳米材料。当然这些神奇的材料也有着广泛的应用。

碳纳米管

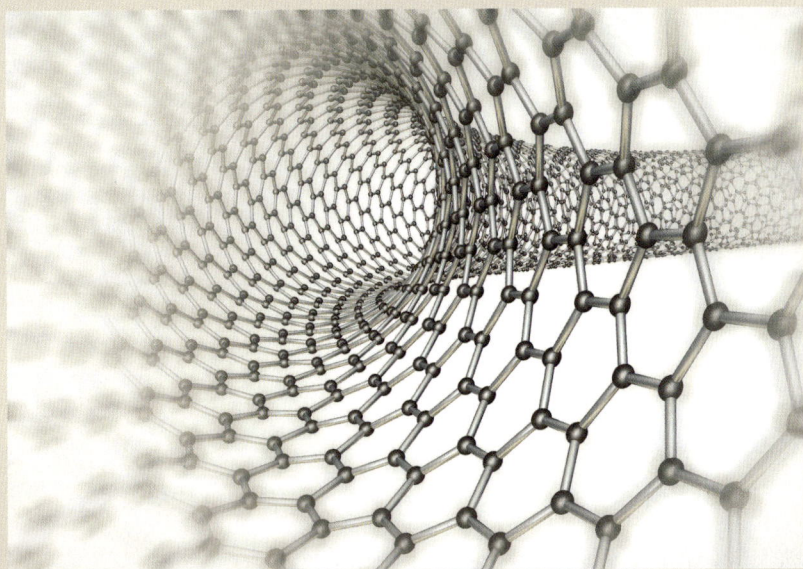

在生活中，纳米涂层技术就是其中一项重要应用。通过在物体表面涂覆一层纳米材料，我们可以赋予物体许多特殊的性能。比如，纳米涂层可以使玻璃表面具有自清洁功能，即使在雨天也能保持清洁透明；纳米涂层还可以使金属表面具备防腐蚀性能，即使在恶劣环境下也能保持长久的使用寿命。此外，汽车表面的纳米涂层可以使车辆抵抗划痕、紫外线辐射和氧化，有效预防外部环境因素对车辆的损害。

在物理领域，当纳米材料的尺寸与光波波长、传导电子的德布罗意波长及超导态的相干长度、透射深度等物理特征尺寸相当或更小时，其周期性边界被破坏，导致声、光、电、磁、热力学等性能出现显著变化。例如，纳米尺度的金属颗粒可能表现出不同的导电性，而纳米尺度的绝缘材料可能开始导电。

在化学领域，纳米尺度效应使得纳米材料具有更高的比表面积，高比表面积带来的是高表面能，这使得纳米材料具有更高的化学反应活性。纳米材料表面原子或分子与周围分子的相互作用增强，使得化学反应更容易发生。

在电子领域，纳米材料的电子结构与普通材料不同，具有更高的电导率和更快的电子传输速度，用于制造更小、更快的电子器件，如纳米晶体管、纳米电容器等。

此外，在医学、能源、纺织等各个领域，纳米材料都有显著的性能优势和广阔的应用前景。当然，纳米技术的发展也面临着一些挑战和困难。比如，如何确保纳米材料的安全性和稳定性，如何降低纳米技术的成本等。但随着科技的进步和人们对纳米技术的深入研究，我们相信这些问题都会逐渐得到解决。

智能材料：响应与感知

　　智能材料，听起来就像是有生命的材料，它们能像人一样感知外界的刺激，并且做出相应的响应。那么，这究竟是怎么一回事呢？

　　首先，我们来想象一下，如果我们的衣服能够感知到我们身体的温度，并且自动调整保暖性能，那会是多么神奇的事情！在寒冷的冬天，我们穿上这种智能衣服，它会感知到外面的低温，然后自动加厚内部的保暖层，让我们感觉十分暖和。而当我们走进温暖的室内，它又会感知到温度的变化，逐渐变薄，避免我们感到过热。这就是智能材料的一种应用，它们能够感知外界的温度刺激，并做出响应。

　　智能材料不仅能感知温度，还能感知压力、光线、湿度等多种刺激，并且根据不同的刺激做出相应的反应。比如，有一种智能地板，它能够感知到人们的行走压力，并且在需要的时候自动改变硬度，以适应不同人的需求。还有智能窗户，它能够感知到外面的光线强度，自动调整透明度，让我们在室内也能享受到自然光线的舒适。

　　那么，智能材料如何实现这些神奇的功能呢？其实，智能材料的"智能"主要来自它们内部的一些特殊结构或成分。这些结构或

用形状记忆合金丝
制成的天线

冷却变形

将天线揉成团

　　　　　　　　　　　　　　　　传统文化中的科学

成分能够在外界刺激的作用下发生变化，从而改变材料的性质或状态。比如，一种叫作形状记忆合金的材料，它能够在受到一定的温度刺激后恢复到原来的形状。我们可以利用这种材料制作一种能够变形的智能结构，让它在外界温度变化时自动调整形状，实现不同的功能。

除了形状记忆合金，还有许多智能材料和技术正在不断被开发出来。比如，有一些材料能够感知湿度变化，并且根据湿度的不同改变颜色或者导电性能。这种材料可以被用来制作智能传感器，用于监测环境的湿度变化，或者用于制作能够自动调节湿度的智能家居设备。

智能材料的应用范围非常广泛。除了上面提到的衣服、地板和窗户，它们还可以被用于制造各种智能设备，比如智能机器人、智能医疗器械、智能汽车等。在智能机器人领域，智能材料可以帮助机器人更好地感知环境，并且做出更加灵活和智能的决策。在智能医疗器械领域，智能材料可以用于制作能够感知生物信号并且自动调整治疗方式的医疗器械，提高医疗效果和患者的舒适度。在智能汽车领域，智能材料可以用于制作能够感知路况和天气变化，并且

形状记忆合金的应用

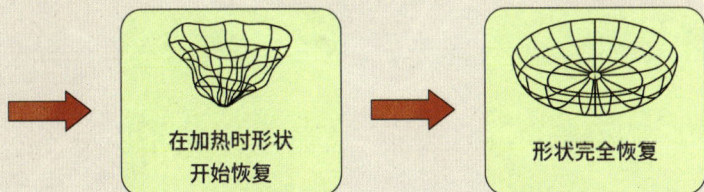

在加热时形状开始恢复　　　形状完全恢复

自动调整行驶状态的汽车，提高行车的安全性和舒适性。

当然，智能材料的发展还面临着许多挑战和难题。比如，如何提高智能材料的灵敏度和响应速度，如何降低智能材料的成本和复杂度，如何确保智能材料的稳定性和可靠性等，这些问题都需要科学家们不断进行研究和探索。但是，无论面临多少挑战和困难，智能材料的发展都将是不可阻挡的趋势。随着科技的进步和人们对生活品质的不断追求，智能材料将会在更多领域得到应用，为我们的生活带来更多的便利和舒适。

智能芯片

传统文化中的科学

探新境，拓智慧

材料的实际应用

材料在我们生活中无处不在，从学习用品到家居用品，再到高科技产品，都离不开各种材料的支持。比如，我们常用的笔是由塑料和金属制成的，而课桌椅则可能是木质或金属框架搭配塑料或布料坐垫。了解材料的实际应用，不仅能帮助我们更好地使用这些物品，还能激发我们对材料科学的兴趣。

材料的创新实践

随着科技的发展，材料科学也在不断创新。科学家们正在研究新的材料，它们具有独特的性能和功能。这些新材料在医疗、能源、航空等领域有着广泛的应用前景。了解材料的创新实践，可以让我们对未来充满期待。

绿色材料新理念

随着人们环保意识的增强，绿色材料正逐渐受到关注。绿色材料是指在生产、使用和回收过程中对环境无害或污染较小的材料，如可再生材料、生物降解材料等。使用绿色材料不仅有利于保护环境，还能推动可持续发展。了解绿色材料新理念，可以让我们更好地保护地球家园。

材料的未来展望

展望未来，材料科学将迎来更多的挑战和机遇。随着科技的不断进步，我们将开发出更多具有独特性能和功能的新材料。这些新材料将在各个领域发挥重要作用，推动人类社会的进步。同时，我们也需要关注材料的可持续性和环保性，确保未来的材料发展既能满足人类需求，又能保护地球环境。

诗词中的科学

2 —————

诗词中的气候特征

传统文化中的科学

凉州词二首（其一）

唐·王之涣

黄河远上白云间，一片孤城万仞山。

羌笛何须怨杨柳，春风不度玉门关。

　　诗人远眺黄河，只见它蜿蜒曲折，奔流于万山之中，像一条丝带从天外流下。在那片广袤无垠的土地上，他眼前所见到的似乎只有两件事物：地上奔涌的黄河与天空飘动的白云。他全神贯注，水在流，云在飞，仿佛能感知到这片大地的脉搏与呼吸。漠北孤城独立荒原，广漠之地壮阔无边，崇山峻岭巍峨绵延。山之高，更显城之渺；山之众，愈见城之孤。羌笛声起，何须幽怨，玉门关外，春风不度，杨柳不青。

　　本诗短短四句，却深刻地描绘了边塞地区的悲壮苍凉，戍守边境的将士无法回乡的哀怨。羌笛是西北边疆的特色乐器，主要用于传达羌族人的思念之情。唐朝盛行折柳赠别的风俗，羌笛吹奏《折杨柳》的曲调，尤能唤起离愁别绪。因此，在诗的后两句，诗人说道，春风吹不到玉门关这样苦寒的边境，杨柳难以抽绿，无法折杨柳寄情，既然如此，何必用羌笛吹奏《折杨柳》这种伤离的曲调。那么，为什么春风吹不到玉门关呢？这就涉及地理知识——季风区与非季风区的边界。

楚河汉界，互为敌友

　　《地理》教科书这样描述我国的气候特征：气候复杂多样和季风气候显著是我国气候的两个主要特征。所谓季风，就是由于海陆上气压中心的季节变化，引起一年中盛行风向随季节有规律地变换。我国大部分地区受季风影响，夏季时盛行从太平洋吹来的东南风和从印度洋吹来的西南风，温暖湿润；冬季时盛行从亚欧大陆吹来的偏北风，寒冷干燥。

　　然而受山脉、地形等因素影响，我国偏西内陆地区受季风影响较小，称为非季风区。我国季风区与非季风区界线为大兴安岭—阴山山脉—贺兰山—巴颜喀拉山脉—冈底斯山脉，以东为季风区，以西为非季风区。我国季风区降水量较多，地形以平原、盆地、丘陵为主；而非季风区降水量较少，气候干旱，地形以高原、山地、盆地为主。

中国季风区与非季风区的分界

非季风区

大兴安岭

阴山山脉

贺兰山

巴颜喀拉山脉

冈底斯山脉

季风区

传统文化中的科学

玉门关位于今天甘肃省敦煌市，在古时是守卫河西走廊的重要关卡，同时也是丝绸之路上的交通要道。一直到唐朝，丝绸之路最为繁华的时候，玉门关都是丝绸之路的必经关隘。它地处内陆干旱地区，正处于非季风区内，周围是大片的沙漠和戈壁滩，气候干燥，降水稀少，年降水量不足 40 毫米，但蒸发量却高达 2500 毫米，属于典型的温带大陆性气候。诗中"春风不度玉门关"的"春风"指的就是夏季风，由于玉门关深居内陆，并且地形起伏变化大，被群山环绕，所以受夏季风影响很小，"春风"吹不到这里。

传统文化中的科学

大林寺桃花

唐·白居易

人间四月芳菲尽，山寺桃花始盛开。

长恨春归无觅处，不知转入此中来。

  初夏四月，白居易闲暇中漫游庐山。四月，人间百花落尽，春意似已远去，正当他感叹春去无踪、花谢无声时，却在高山古寺间看到了出乎意料的景象。踏入古寺，眼前的美景超出了他的想象：满山的桃花如潮涌般绽放，仿佛粉色的云霞坠落尘世。

  白居易在此之前曾因春光短暂而感到怨恨和失望，因此当这始料未及的一片春景映入眼帘时，他感到十分惊异和欣喜。他想到，自己曾因为惜春、恋春，以致怨恨春去的无情，谁知却错怪了春，原来春并未离开，只不过像小孩子跟人捉迷藏一样，偷偷地藏匿于山间。那为什么春天会躲到山上来呢？这其实揭示了一种我们生活中很常见的气候特征——气温的垂直变化。

爬山竟然会越爬越感觉冷

　　《地理》教科书这样描述气温的垂直变化：在山地和丘陵，气温随海拔升高而降低，大致每升高 100 米，气温约下降 0.6℃。唐朝时，大林寺位于今天江西省九江市境内，海拔约 1200 米，而九江市的平均海拔在 32 米。考虑到 4 月至 5 月山地气温变化较小，根据计算，大林寺的气温可能比九江市低 5~7℃。此外，庐山地处长江与鄱阳湖之间，水汽较多，云雾缭绕，阳光辐射不足，这进一步降低了山上的气温。因此，当白居易感叹人间芳菲落尽时，大林寺却正处于春景初现的时节。令人感到十分惋惜的是，白居易诗中的大林寺由于种种原因已经消失在历史的长河里，但他当年咏诗的花径仍然存在。

　　其实，在其他很多地方也都体现着气温的垂直变化对植物的影

庐山花径

传统文化中的科学

响。在神秘的青藏高原之上，从高耸入云的珠穆朗玛峰到山麓的广袤草原，每一高度的海拔变化都伴随着气温的波动。珠峰巍峨的顶峰，气温极低，冰雪覆盖，形成了一片寒冷的世界。在高海拔地带，气候条件极为恶劣，植被稀疏，只有极少数高山植物和耐寒的动物能够在这里生存。然而，当我们下降到海拔稍低的地区，气温就会逐渐回升。在这些地方，气候相对温和，适合更多种类的植物生长，一些河流和湖泊也为当地的动植物提供了水源和生存环境。当到达青藏高原海拔更低的地区，如西藏自治区的一些城市，气温相对较暖，春夏季节草木葱茏，百花盛开。青藏高原的气温垂直变化显著，从山峰顶部到深谷底部，温度的变化差异极大，这种气候特点也塑造了青藏高原独特的自然景观和生态环境。

传统文化中的科学

白雪歌送武判官归京

唐·岑参

北风卷地白草折，胡天八月即飞雪。

忽如一夜春风来，千树万树梨花开。

散入珠帘湿罗幕，狐裘不暖锦衾薄。

将军角弓不得控，都护铁衣冷难着。

瀚海阑干百丈冰，愁云惨淡万里凝。

中军置酒饮归客，胡琴琵琶与羌笛。

纷纷暮雪下辕门，风掣红旗冻不翻。

轮台东门送君去，去时雪满天山路。

山回路转不见君，雪上空留马行处。

    友人即将踏上归京之途，一夜之间，大地银装素裹、焕然一新。岑参看向帐外，北风呼啸，白草断折，八月的胡地就已扬风落雪。诗人望着帘外的雪景，宛如一夜间春风吹拂，千万棵梨树上的梨花绽放。诗人通过敏锐的观察和浪漫的笔调，生动地描绘了边塞壮丽的雪景，以及边塞军营送别归京同僚的热烈场面，表达了诗人对祖国边疆的热爱和对战友的真挚情感。诗的前八句更加突出我国冬半年，北方地区受特定的天气系统影响，短时间内快速降温、降雪。那是什么特定的天气系统造就了"忽如一夜春风来，千树万树梨花开"这样的美景呢？这就是地理学中经常提及的现象——冷锋。

被迫抬升的暖气团

我们生活中常见的阴、晴、风、雨、雪等天气现象，其实都与天气系统的活动有着密切的关系。诗中所涉及的冷锋就是常见的天气系统之一。那什么是锋？什么又是冷锋呢？冷、暖两种性质不同的气团接触时形成的交界面，称为锋面，其与地面相交的线称为锋线。锋面通常是一个狭窄而倾斜的过渡地带，锋面两侧的气温、湿度和气压差别很大。

冷锋就是冷气团主动向暖气团移动形成的锋。冷气团的前缘插入暖气团下方，使暖气团被迫抬升，在这个过程中，暖气团冷却，水汽易于凝结，形成云和雨。因此，当冷锋过境时，常常出现较大的风、厚重的云，并伴有雨、雪等天气。在我国，冷锋一年四季都

冷锋的形成

传统文化中的科学

有，在冬季更为常见。诗中"忽如一夜春风来，千树万树梨花开"中"忽如"二字写出了天气的变幻无常，大雪来得急骤，这就是冷锋的典型表现之一。

现在，通过先进的气象技术和大数据分析，我们能够实时监测冷锋的移动轨迹，预测其可能带来的天气变化，为人们的生产生活提供更精准的指导。同时，对冷锋的研究也为我们提供了更多应对极端天气的可能性。例如，通过气象分析，我们能提早预防强冷空气给农业生产带来的不利影响。在气候变化日益加剧的今天，更加深入地了解天气系统，对于保障人类社会的稳定和可持续发展至关重要。

田间劳作

传统文化中的科学

约客

宋·赵师秀

黄梅时节家家雨，青草池塘处处蛙。

有约不来过夜半，闲敲棋子落灯花。

　　诗的前两句别有一番风味，一幅江南夏雨图呈现在我们面前。黄梅时节，细雨绵绵，家家户户都被笼罩在蒙蒙烟雨之中；青草茂盛，混着泥土的清新，池塘边，蛙声阵阵。诗人通过描绘江南梅雨季节的景象，将我们带入了那个生机勃发的夏夜。这样看似热闹非凡的雨夜自然环境，实际上却衬托出诗人内心的寂静。后两句写朋友迟迟不来，诗人在等待中逐渐感到焦急，无聊地敲着棋子，看着灯花一点点落下，"闲敲"和"落灯花"更加表现出诗人内心的寂寞与失落。

　　整首诗采用了寄情于景的方法，生动形象地体现了诗人含而不露的寂寞。"家家雨""处处蛙"，窗外大自然的喧嚣热闹和窗内诗人独自一人等待朋友到来形成鲜明的对比。一动一静，一喧一平，诗中意象宁静优美，诗人感情深沉含蓄。我们不仅能品鉴到诗人高超的写作才华和独具一格的艺术风格，还能根据诗中的意象用科学的角度洞察到一个地理现象——梅雨。

天上的水龙头怎么被打开了

　　什么是梅雨呢？相信身处长江以南的人在初夏会有这样的体验：空气潮湿，环境闷热，器物发霉，这实际上就是梅雨在暗暗发力。"梅雨季节"是我国长江中下游地区特有的天气现象，出现在6月至7月，6月上中旬东亚夏季风将雨带推进到江南至长江中下游地区，标志着梅雨季节的开始。为什么称为梅雨呢？因为雨季到来正值江南梅子成熟之时，梅子黄时雨纷纷，一派独属江南初夏的美景。

　　自古以来，民间就有着不少关于梅雨的谚语，就比如，"三九欠东风，黄梅无大雨"。这里的"三九"指的是农历冬三九最冷的

大雨中的古镇亭廊

传统文化中的科学

那段时间。如果那时候东风不够强劲，到了黄梅季节，雨水可能就没有那么充沛了。这其实和气象学中的风场、气压场变化有关，东风的强弱可以反映出大气环流的变化，进而影响到梅雨季节的降雨量。又如，"小暑一声雷，依旧倒黄梅"，讲的是在小暑期间打雷，黄梅天气又会到来。我们将这种现象称为倒黄梅，它是梅雨的一种特殊情况。天气转晴，气温升高，梅雨季节看似结束，可过几天又会感到闷热潮湿，并维持一周左右的阵雨天气，阵雨过后才会转为晴朗的盛夏。

烟雨中的江南小镇

传统文化中的科学

夜雨寄北

唐·李商隐

君问归期未有期，巴山夜雨涨秋池。

何当共剪西窗烛，却话巴山夜雨时。

诗中首先映入眼帘的是巴蜀之地那连绵的山峦，夜色中，细雨如丝，淅淅沥沥地落在山间，形成一幅凄美的画面。这样的夜晚，诗人独自一人，身处异乡，思念着远在长安的亲友。他想象着与亲友共聚一堂，剪烛西窗，共话巴山夜雨时的情景，那是多么温馨而美好的画面啊！然而，现实却是残酷的，他无法确定归期，无法与亲友团聚，只能在无尽的思念中度过每一个夜晚。

诗中描绘的巴山夜雨和秋池涨水的情境，不仅带有地域特色，更渲染了一种凄清的氛围，与诗人内心孤独的情感互相映衬。秋天是收获的季节，也是万物逐渐走向凋零的季节，诗人用"秋池"隐喻内心状态，既表达了对过去的怀念，同样也是对未来的期盼。在情感表达上，巧妙运用"共剪西窗烛"这一情景暗含与远方亲友相聚的无尽期盼。在这种情境下，我们不禁为诗人的遭遇感到同情和惋惜，同时巴山夜雨也暗含了一个科学原理——地形雨的形成。

旦为朝云，暮为行雨

　　什么雨能称为地形雨呢？地形雨又是如何形成的呢？巴山是四川盆地一带的山脉，白天气温升高，盆地内空气受热上升，由于周围都是群山环绕，上升的热空气无法向四周扩散，只能停留在盆地上方。夜幕降临，气温降低，冷空气不断向盆地底部聚集，热空气受挤压被迫上升。由于海拔越高气温越低，热空气受冷液化形成降雨，这种降雨类型就称为地形雨。

傅抱石　巴山夜雨

　　　　　　　　　　　　　　传统文化中的科学

干燥空气下降

降水

湿润空气上升

　　地形雨作为四大降水方式之一，对周围自然环境有着极大的影响。随着海拔的升高，气温和降水都会发生变化，使得山体的植被类型有明显的不同。长白山是我国东北地区最高的山脉之一，其四个植被带自低海拔至高海拔依次为：红松阔叶林带、针叶林带、岳桦林带和高山苔原带。不仅如此，地形雨还会导致山体迎风坡不同海拔的降水有所差异。山麓地带海拔低，气体抬升少，液化形成的云雨少。山体中部有充足的气体抬升，遇冷液化形成降水。山顶海拔虽高，但气体含量大大降低，云雨减少。这种随海拔变化的降水差异，正是山地气候垂直地带性分异的重要表现。

探新境，拓智慧

食荔支二首（其二）

宋·苏轼

罗浮山下四时春，

卢橘杨梅次第新。

日啖荔支三百颗，

不辞长作岭南人。

初夏游张园

宋·戴敏

乳鸭池塘水浅深，

熟梅天气半晴阴。

东园载酒西园醉，

摘尽枇杷一树金。

　　苏轼在被贬岭南后，创作了这样一首十分有趣的诗词。在罗浮山脚下，春天的气息四季常存，天天都有新鲜的枇杷和杨梅。如果每天吃上三百颗荔支（枝），诗人愿永远沉浸在岭南的美好之中。诗中不仅体现了诗人豁达的性格，也暗含了地理知识。罗浮山位于中国广东省，属于南亚热带季风气候，纬度低、气温高，冬季温暖，加上山地地形抬升，降水充沛，植被茂密，更强化了温暖湿润的环境，使得这里常年呈现春天气息。

　　此诗属于田园诗，描绘了一幅初夏江南时节人们饮酒作乐，结伴游园的美好生活情境。诗歌中的"半"字用得甚妙，指出了当时天气忽晴忽阴，变幻莫测的特点，同时也暗含了诗人心境的迷离朦胧。诗中"初夏""熟梅""半晴阴"等关键字词，体现了当时江南地区处于梅雨季节。

诗词中的光学知识

传统文化中的科学

登鹳雀楼
唐·王之涣

白日依山尽，黄河入海流。

欲穷千里目，更上一层楼。

    本诗开篇两句就生动地描绘了北国河山的磅礴气势和壮丽景象。诗人站在鹳雀楼上，遥望着那一轮落日，看见夕阳缓缓西沉，慢慢消失在楼前绵延起伏、一望无际的群山之间。同时，他眼前的黄河如同一匹脱缰的野马，奔腾咆哮，远折而东向，最终消失在辽阔的大海怀抱中。

    后两句"欲穷千里目，更上一层楼"表达了诗人无止境的探求，想要拓宽视野、远眺更广阔天地的强烈愿望。诗人意识到，要将目光投向更远的地方，最直接的方式就是提高自己的观察位置——登高上楼。短短的四句诗不仅表达了诗人登高远眺，不断开拓出愈发美好的崭新境界，而且也暗含了一个科学原理——光的直线传播。

为什么我们能看这么远

什么是光的直线传播？想象一下，当我们站在高楼之上，目之所及，远处的山峦逐渐消隐于天边，而黄河如一条银带般蜿蜒流向无垠的大海。这一幕之所以能出现在我们眼前，是因为光线从那些物体反射后，直线传播到我们的眼睛。科学上，这一现象被称为光的直线传播。

《物理》教科书这样描述光的直线传播：光在均匀介质中是沿直线传播的。光线在遇到不同介质的界面时会发生折射或反射，但在单一介质中，如空气或水中，光线是直线前进的。例如，当光线从空气进入水中，它的速度会减慢，并且路径会略微改变方向，这是光的折射现象，但在水中或空气中时，光依然沿直线传播。

落日下的光束

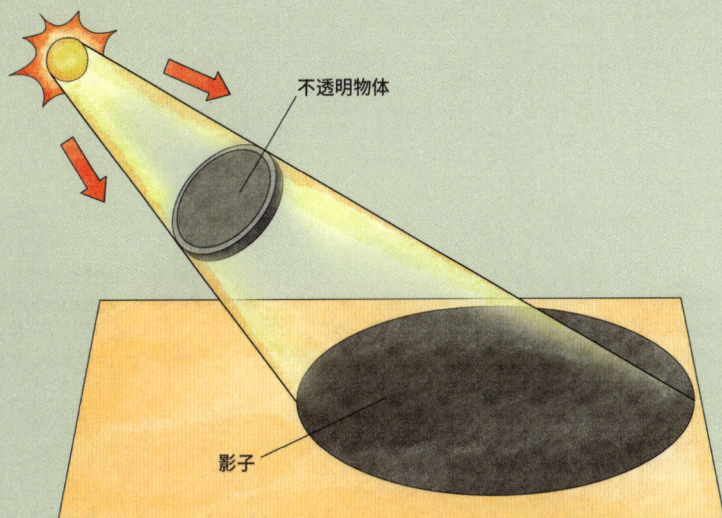

光的直线传播作为一个基本的物理现象，在我们的日常生活中有着广泛的应用。最直接的例子就是视觉。我们之所以能够看到周围的物体，是因为这些物体表面发射或反射的光线通过直线传播到我们的眼睛里，使我们能够准确判断物体的位置和形态。

此外，光的直线传播也是现代通信技术中不可或缺的一部分。例如，在光纤通信中，光通过光纤以几乎直线的方式传播，这使得数据可以接近光速传输，极大地提高了通信效率和质量。

在娱乐和艺术领域，光的直线传播同样重要。电影放映就是一个例子，放映机通过直线传播的光线将影像投射到银幕上，观众正是通过这种方式看到影片的。艺术家也是利用光的直线传播特性，通过杂乱物体的影子来创造出令人惊艳的艺术作品。

暮江吟

唐·白居易

一道残阳铺水中，半江瑟瑟半江红。

可怜九月初三夜，露似真珠月似弓。

　　清晨起床，你是不是会照镜子整理一下着装，以崭新的面貌出门？夜晚回家路上，你是不是总能发现地面上的水坑很明亮？其实早在唐代，诗人白居易就在他的生活中观察到了类似景象并将其融入诗歌中。

　　傍晚时分，夕阳西下，橘红色的晚霞像绸缎般在江面上平缓延展，江水一部分未受光照，青碧如翡翠，另一部分被夕照染作胭脂色。夜里，叶子上的露水圆润得如同珍珠一般，初升的新月如同一把弯弓。这一番景象让诗人不由得感慨道："九月初三的夜晚是多么惹人怜爱啊！"那么，夕阳余晖洒向江面的美景是如何形成的呢？这就不得不提及我们日常生活中常见的物理现象——光的反射。

水面上也能看到夕阳西下

　　《物理》教科书这样解释光的反射：光射到物体表面时，有一部分会被物体表面反射回来，这种现象叫作光的反射。我们知道月亮本身不发光，但我们能在晴朗的夜空抬头望见月亮，这是因为太阳光照射到月亮表面后经过反射到达我们的眼睛，当月亮的反射强度大于太阳光的照射强度时，我们就能看见月亮了。书本上将光的反射分为两类：镜面反射和漫反射。介质面光滑，能让平行光进平行光出的叫作镜面反射，我们常说的"光污染"就是镜面反射的典型代表。介质面凹凸不平，平行光入射后光线向四面八方反射的叫作漫反射。江面上水波阵阵，晚霞的光入射江面后向四处反射，无论站在哪儿都能看到一抹红色，因此古诗中的反射为漫反射。

眼睛的色彩感知

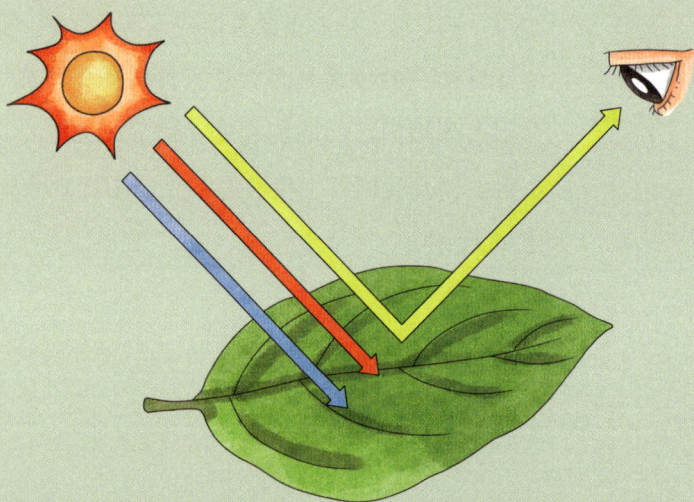

　　事实上，光的反射不仅在日常生活中起着重要作用，更是在信息工程、海洋军事等方面发挥着价值。在信息工程领域中，光纤通信作为一门新兴技术，凭借着通信容量大、抗干扰能力强、保密性好等优势已经在光通信中脱颖而出，成为现代通信技术大家庭中的中流砥柱。当光线以合适的角度射入光导纤维时，由于纤芯和包层之间的折射率不同，光线在纤芯中传播并多次发生全反射，从而实现光信号的传输。在海洋军事中，潜望镜在海下观察到海面上的情况，被称为潜艇的"眼睛"，能大大提高对远距离物体的辨识。

传统文化中的科学

钓鱼湾

唐·储光羲

垂钓绿湾春，春深杏花乱。

潭清疑水浅，荷动知鱼散。

日暮待情人，维舟绿杨岸。

  在盛夏阳光炽烈的日子里，当我们畅快地品尝着清凉爽口的汽水时，除了杯中不断上升的细小气泡，你有没有留意到插在水中的吸管神奇地弯曲了呢？或者，在你跃入泳池的那一刻，是否意外地发现水深超过了预期呢？这些日常生活中的小奇迹，其实早在古代就被人们观察到，并巧妙地融入诗歌之中。

  春意浓郁，几树红杏镶嵌在翠绿之中，花开满枝，美不胜收，诗人驾着一叶扁舟来到钓鱼湾垂钓。他俯瞰着碧绿的水潭，水质清澈见底，这让他不由得猜疑，水这么清、这么浅，会不会钓不到鱼呢？就在这时，一阵风吹过，荷叶微微动荡，他才意识到水中的鱼儿被惊吓得纷纷逃散了。虽然诗人"醉翁之意不在酒"，更多的是借垂钓之景暗喻小伙子约会成败难卜。但是，"潭清疑水浅"这句巧妙地展示了一种我们日常生活中常见的自然现象——光的折射。

潭影的错觉

  《物理》教科书这样描述光的折射：光从一种介质斜射入另一种介质时，传播方向发生偏折的现象叫作光的折射。当光从一种介质斜射入另一种介质时，折射光线、入射光线和法线（即垂直于水面的虚拟线）在同一平面内，折射光线和入射光线分别位于法线两侧。当光从空气斜射入水中时，折射光线偏向法线方向，也就是折射角小于入射角；当光从水斜射入空气中时，折射光线偏离法线方向，也就是折射角大于入射角。

  我们的眼睛感知物体主要依靠从物体反射或发出的光线。当我们望向潭底时，光线先后通过水和空气两种介质，传播路径因折射而改变。我们的大脑会根据光线进入眼睛的直线路径推断物体的位置，而不是光线实际折射后的路径，可见，光的折射影响了我们对

池水变浅的奥秘

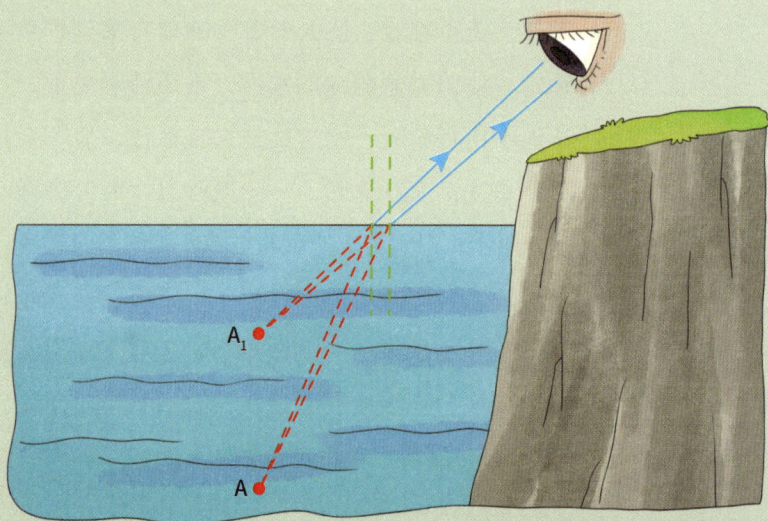

传统文化中的科学

物体实际位置的感知。这也就解释了为什么当我们站在岸边时，会觉得湖中的水比较浅了。

光的折射不仅在自然界中扮演着重要角色，在我们的日常生活中也有广泛的应用。从光学仪器到建筑设计，从艺术创作到影视特效，人们利用光的折射原理创造出许多令人惊叹的作品。

在光学领域，我们常常用到的望远镜、显微镜等仪器，都离不开对光的折射原理的深入理解和应用。科学家通过对光学镜片的精确计算和巧妙设计，使我们得以窥见宇宙边缘的星系奇观，还能探究细胞内部的秘密世界。

在建筑设计中，利用光的折射和反射原理，设计师能够创造出光影交错、变幻莫测的空间效果。透过巧妙设计的玻璃幕墙，自然光被引入室内，形成温暖而舒适的光环境，既节能又美观。

在艺术的世界里，光与影演绎出了无限的魅力。艺术家利用光的折射和反射，创作出一幅幅光影交错的画面，使作品呈现出不同寻常的美感。光影艺术不仅让人们欣赏到美，更是对光与影、实与虚的深刻思考。

传统文化中的科学

彭蠡湖中望庐山
唐·孟浩然

太虚生月晕,舟子知天风。

挂席候明发,渺漫平湖中。

中流见匡阜,势压九江雄。

黯黮凝黛色,峥嵘当曙空。

香炉初上日,瀑布喷成虹。

久欲追尚子,况兹怀远公。

我来限于役,未暇息微躬。

淮海途将半,星霜岁欲穷。

寄言岩栖者,毕趣当来同。

在鄱阳湖边,诗人驻足远望庐山,天色渐晓,红日东升。香炉峰在初升的阳光照耀下,仿佛被涂上了一层金光,景色美得令人难以置信。阳光穿透瀑布飞溅的水珠时,就像穿过无数个小小的天然棱镜,自然光被分解成多种颜色,形成了一道绚丽的彩虹。

唐代诗人孟浩然在他的诗中表现了对光与颜色的深刻感受,而你还记得物理课上老师展示的那个三棱镜吗?当一束太阳光穿过三棱镜时,太阳光会被分解为红、橙、黄、绿、蓝、靛、紫等色光,这就是我们日常生活中常见的自然现象——光的色散。

钻石为何如此闪耀

　　光的色散是指光在通过某些透明介质（如水滴、玻璃）时，不同颜色的光因为波长不同而折射角不同，从而导致光线被分散的现象。简单来说，当白光（由多种颜色的光混合而成）入射到水滴时，会在水滴内部发生折射和全内反射，然后再次折射出来。在这个过程中，不同颜色的光因为各自的波长不同，所以它们的折射角也不同。这导致各种颜色的光被分开，每种颜色的光都沿着不同的路径传播。这就是为什么雨后天空中会形成一道彩虹，我们会看到彩虹是从红色到紫色的颜色，其中红色位于彩虹的外侧，而紫色则位于内侧。

光的色散

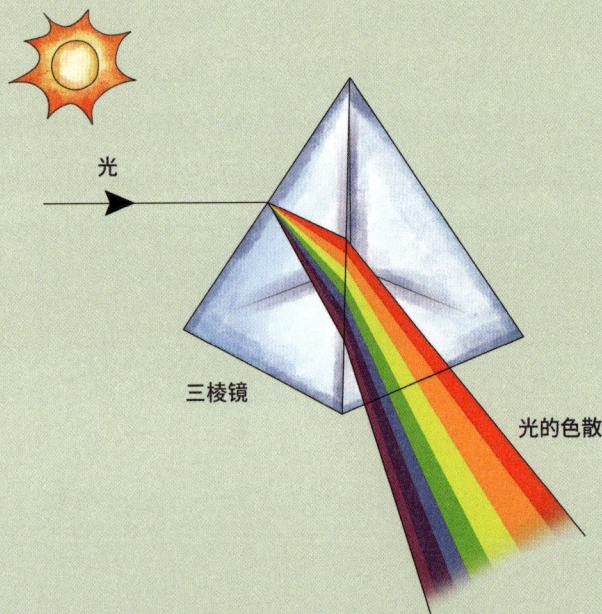

光

三棱镜

光的色散

传统文化中的科学

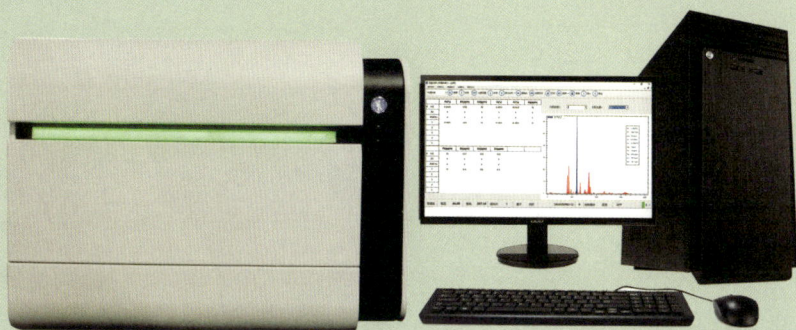

光的色散是一个非常有趣的自然现象，它解释了为什么我们能看到彩虹。同时，光的色散原理在日常生活中有着广泛的应用。

例如，在科学研究领域，光谱仪便是利用光的色散原理来分析不同物质的。光谱仪通过测定物质发出或吸收的光的颜色（也就是光的波长），帮助科学家揭示物质的成分。这项技术在化学实验、天文观测甚至医学诊断中都扮演着关键角色。

在艺术领域，艺术家也运用光的色散原理来创作充满创意的作品。他们可能会使用特制的玻璃或水晶，当光线穿过这些材料时，会产生美丽的光谱效果，使艺术作品展现独特而迷人的光效和色彩。

传统文化中的科学

望庐山瀑布

唐·李白

日照香炉生紫烟，遥看瀑布挂前川。

飞流直下三千尺，疑是银河落九天。

你有没有想过为什么天空会呈现出明亮的蓝色，或者为什么从深蓝的大海中舀出的海水看起来却晶莹透明呢？其实，在我们耳熟能详的古诗《望庐山瀑布》中就描绘过这样的光学现象。

香炉峰坐落在庐山的西北部，峰顶尖圆，终日烟云缭绕，酷似一个巨大的香炉。清晨时分，当天空还笼罩着晨曦的宁静，香炉峰上，冉冉腾起的阵阵白雾，弥漫于天地山川之间。这些雾气在金黄色阳光的照耀下，化作了一片紫色的云霞。山峰被紫色烟雾环绕的奇幻景象，听起来像是诗仙李白的浪漫想象，但你或许会惊讶地发现，这种现象可能真的存在！这不只是诗意的夸张，而是可以通过科学来解释的现象，其中的关键正是我们今天的主角——光的瑞利散射。

日照香炉真能生出紫烟

　　瑞利散射是以英国物理学家瑞利勋爵的名字命名的。这一现象描述的是当光线遇到直径远小于其波长的粒子时，散射光线的强度与入射光线波长的四次方成反比。也就是说，波长愈短，散射愈强。光波中较短的波长（如蓝光或紫光）比较长的波长（如红光）散射得更强烈。

　　具体来说，在李白观望庐山的那一天，天气应该极为晴朗，云雾稀少，空气中的悬浮微粒也不多，这种条件下主要发生的是瑞利散射。散射光中紫光和蓝光最强，散射最多，最易被观察到。再加上特殊的地理环境和气候条件，李白就看到了紫色烟雾缭绕香炉峰的奇景了。

太阳光光谱

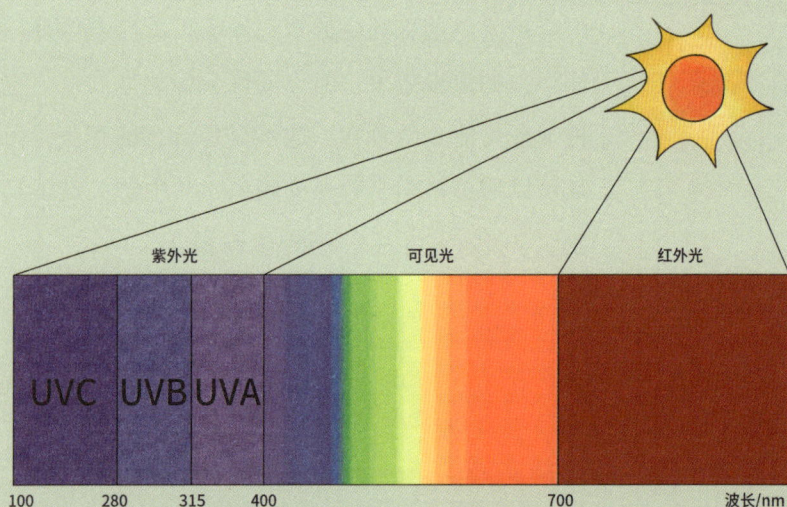

紫外光　　可见光　　红外光

UVC UVB UVA

100　　280　　315　　400　　　　　　　　700　　　波长/nm

　　瑞利散射是一种我们在日常生活中常见的现象，它解释了为什么我们看到的天空是蓝色的。当太阳光进入地球的大气层时，会遇到大气中的分子和其他微小粒子。这些粒子会散射过来阳光，但并非所有颜色的光都以同样的方式被散射。

　　由于瑞利散射的效果与光线波长的四次方成反比，这意味着波长较短的光，如蓝光和紫光，比波长较长的红光散射得更强烈。在太阳光中，蓝光的波长短、能量较大，所以它在被散射时更加明显。特别是在雨过天晴或者秋高气爽的日子里，空中直径较大的微粒较少，大部分散射都是由空气分子引起的，这时，蓝光在空气中被大量散射，使得整个天空呈现出美丽的蔚蓝色。

　　才华横溢的李白不但没有眼花，相反，他以极其细致的观察力，将自然现象细致地描绘进他的诗歌中。通过他的作品，我们能够感受到他对自然美景的深刻理解和热爱，体会到科学与艺术的完美结合。

探新境，拓智慧

春山夜月

唐·于良史

春山多胜事，赏玩夜忘归。
掬水月在手，弄花香满衣。
兴来无远近，欲去惜芳菲。
南望鸣钟处，楼台深翠微。

使至塞上

唐·王维

单车欲问边，属国过居延。
征蓬出汉塞，归雁入胡天。
大漠孤烟直，长河落日圆。
萧关逢候骑，都护在燕然。

唐代诗人于良史在《春山夜月》中描绘春夜山中赏月时清淡闲雅的氛围，描摹物态栩栩如生，极富神韵，物我交融，妙趣横生，一种纵情于山水的悠然自得的心境油然而生。诗中"掬水月在手"一句，描绘出那一轮明月好像在诗人手里一般，体现了光的反射这一光学现象。

《使至塞上》是唐代诗人王维奉命赴边疆慰问将士途中创作的纪行诗，诗中"大漠孤烟直，长河落日圆"两句，描绘了诗人所看到的塞外奇特壮丽的风光。傍晚时分，太阳接近地平线，光线穿过厚厚的大气层，让诗人看到的太阳更圆，体现了光的折射这一光学现象。

诗词中的热学知识

传统文化中的科学

村居书喜

宋·陆游

红桥梅市晓山横，白塔樊江春水生。

花气袭人知骤暖，鹊声穿树喜新晴。

坊场酒贱贫犹醉，原野泥深老亦耕。

最喜先期官赋足，经年无吏叩柴荆。

  诗题中的一个"喜"字奠定了整首诗歌的情感基调。清晨的山景和江景映入眼帘，红桥梅市重峦叠嶂，樊江春水奔流向前，这些元素构成了一幅美丽的画面，让人仿佛置身其中。空气中伴有阵阵花香，让人感受到春天的温暖；喜鹊的叫声穿过树林，似乎在为天刚放晴而欢呼。诗人身处乡村，生活并不富裕，但依然可以饮酒作乐；村民们虽已年迈，但依然坚持在田间劳作。赋税交齐，整年都不会有小吏来催租。物质上的贫瘠并不会影响诗人精神上的富足，这种朴素而坚韧的生活态度让人敬佩。

  乡村的自然风光和人文景象交相辉映，细腻的笔触和生动的语言相辅相成，诗歌让我们感受到了春天的气息和乡村的宁静，表达了诗人对于隐居生活的喜悦和满足。诗中有这样一句妙语"花气袭人知骤暖"，通过传来的阵阵花香，诗人就知道天气即将回暖。那么，花香为什么会四处弥漫呢？这就涉及一个物理现象——扩散。

分子的运动

  《物理》教科书这样描述扩散现象：不同的物质在相互接触时，彼此进入对方的现象叫作扩散。大量实验证明，分子处于永不停息的无规则运动中，而物质是由大量分子组成的，分子中存在间隙。诗人之所以闻到花香，正是由于鲜花的芳香油分子在空气中做无规则运动。那么，扩散速率与哪些因素有关呢？在日常生活中，我们总是能闻到热腾腾的饭菜香味，等饭菜变冷了味道就没有那么浓郁了，说明扩散速率与温度有关。同时，扩散速率还与浓度差、分子大小、压强等因素有关。

液体的扩散

传统文化中的科学

实际上，固体、液体、气体中均存在扩散现象。在固体中，由于分子热运动，原子或分子从高浓度区域向低浓度区域运动，从而实现物质的均匀分布。比如将两块材质不一样的金属紧密相连，会发现金属表面和内部都会存在另一种金属的成分，只不过固体分子运动速率慢，融合所需时间较长。液体和气体的扩散现象就很常见了，如香水气味的扩散，红墨水在水中的扩散，等等。那么，分子会不会在某种情况下停止扩散呢？科学家们预测，当温度很低达到绝对零度时，分子停止运动，但至今还无法达到绝对零度。因此，分子运动永不停息，扩散现象处处存在。

　　闻到清新的花香，调制不同口味的饮料，扩散现象让我们的生活变得有滋有味。但同时，分子的扩散也会在生活中产生一系列危害：我们所说的吸二手烟实则就是尼古丁、焦油等分子在空气中无规则扩散运动；排污造成的源头污染，最终会导致整片水资源遭到破坏。因此，我们需要从源头上控制有害物质的扩散，努力营造一个健康整洁的家园。

传统文化中的科学

渔翁

唐·柳宗元

渔翁夜傍西岩宿，晓汲清湘燃楚竹。

烟销日出不见人，欸乃一声山水绿。

回看天际下中流，岩上无心云相逐。

    整首诗描绘出一幅宁静的山水生活画卷，从夜晚在西山边休息，拂晓起来汲取清澈的湘水，用楚竹烧火做饭，这种与大自然和谐共处的生活方式，体现了渔翁悠闲自在的心境。诗人逃离官场世俗，也对大自然产生了深深眷恋和向往之情。他回望天际，看到江水滚滚东流，白云自由舒卷，这种物我两忘的境界，足以体现诗人内心的宁静和超脱。

    诗歌最妙的还属中间一联，让人仿佛置身于当时的情境之中。日出时分，烟雾消散，却不见渔翁踪影，只留下一片青山绿水的美丽景色。突然，渔翁摇橹的声音从碧绿的山水中传出，再看时渔舟已经划到了天边。视听结合的艺术手法，使画面优美、意境深远，为整首诗增添了一抹生机和动感。渔翁的这种孤独并不是消极的，而是独自一人享受大自然的美丽和宁静，显得超脱而淡泊，因此才会有烟销不见人的那份神秘感。那么，这份神秘感从何而来呢？这就不得不提及一个物理现象——汽化。

水为什么会慢慢变少

　　汽化是物态变化中的一种，是物质从液态变成气态的过程。在汽化的过程中，为了克服分子间的引力和反抗大气压力做功，液体必须吸收热量，所以汽化是一个吸热的过程。同时，液体变成气体后，分子间的距离会变大，体积也会相应增大。《物理》教科书对汽化是这样分类的：只在液体表面发生的汽化现象叫作蒸发，蒸发在任何温度下都能发生，液体蒸发时会吸热。沸腾是在液体内部和表面同时发生的剧烈的汽化现象，液体沸腾时需要吸热，但温度保持不变，液体沸腾时的温度叫作沸点。

烧开的水壶

诗歌中"烟"悬浮于空中，由大量液态小水滴组成。由于朝阳升起，气温上升，小水滴受热转化为气体，即发生了蒸发。生活中，汽化现象无处不在，夏季室外行走时会感觉周围热浪滚滚，这是因为地面的水分在高温下蒸发加剧，将热量带到空气中，让我们感觉闷热。湿衣服放在有风、有阳光的室外会很快晾干，放在阴冷、无风的室内晾干所需要的时间却很长，这是因为蒸发的快慢与物体表面流速和温度有关，水分在阳光和空气的作用下蒸发会更加快速。

　　汽化现象不仅在生活中常见，在工业领域也发挥着很大的作用。许多交通工具，如汽车和火车，是通过燃油汽化后进行燃烧驱动的。这样的处理方式可以更高效地燃烧燃油，提高能源利用率。在发电厂中，汽化过程尤其关键，通过加热水生成高温高压的水蒸气，推动汽轮发电机发电，实现能量的转换。因此，汽化不仅仅能解释很多有趣的生活现象，更能在工业、医疗等领域发挥重要的作用，推动人类社会的发展。

传统文化中的科学

醉花阴

宋·李清照

薄雾浓云愁永昼，瑞脑销金兽。佳节又重阳，玉枕纱厨，半夜凉初透。　　东篱把酒黄昏后，有暗香盈袖。莫道不销魂，帘卷西风，人比黄花瘦。

薄雾弥漫、浓云笼罩，阴沉沉的天气让人感到心中烦闷。李清照独自看着香炉中的瑞脑香缓缓燃烧，青烟袅袅，时间仿佛变得更加漫长。又是重阳佳节，本应是欢聚的时刻，在这冷清的夜晚却显得格外凄凉。白天的漫长和孤寂如同无尽的秋水，带着数不清的愁绪在她心中涌动。玉枕纱厨，夜半时分，凉意悄然袭来，薄被难以抵挡初秋的寒意，更加深了她内心的孤寂与无奈。

李清照独自一人在屋里闷坐了一天，眼看着天色渐暗，心中的愁绪愈加浓烈。黄昏时分，她才强打着精神，慢慢移步到东篱边，举杯独酌。秋日的黄昏，菊花的暗香扑鼻而来，似乎要带走她心中的忧愁，可眼前的美景并不能缓解她内心的孤独。秋风带着凉意吹起帘幕，拂过她的脸庞，她感到一阵寒意袭来，不由得裹紧了身上的衣服。站在窗前，她感到自己的身影比黄花还要消瘦，愁绪如同秋风般无尽。

这首词通过细腻的描写和深刻的情感表达，将秋天的寂寥与词人的内心世界紧密结合在一起。李清照的独特视角和笔触，让人不仅感受到自然的变化，更体会到她内心深处的孤独与惆怅。开头一句的"薄雾浓云"形象地营造了凄凉寂寥的氛围，那你知道为什么在深夜和清晨时我们常能看到雾气呢？这就涉及一种生活中十分常见的现象——液化。

饮料表面的水珠哪来的

物质从气态变为液态的过程叫作液化。气态物质的分子运动速度较快，分子间的吸引力较小，当气态物质的温度降低或压力增加时，分子运动速度减慢，分子间的吸引力增强，从而凝结成液态。《物理》教科书这样描述液化的相关知识：实验表明，所有气体在温度降到足够低时都可以液化。另外，在一定的温度下，压缩气体的体积也可以使气体液化。

液化过程的典型例子就是水蒸气在冷凝条件下变成水滴。不知道你有没有注意过夏天从冰箱里拿出的冰镇饮料的表面？饮料从冰箱里拿出来不一会儿，表面就布满了密密麻麻的小水珠。这就是因为当空气中的水蒸气遇到冷的物体表面时，水蒸气的温度降低，分子运动速度减慢，最终液化成水滴。

液化过程在自然界中随处可见，如清晨的露水、云和雾的形成等。在生活中，我们容易在清晨和傍晚时看见雾，这是因为这两个时段地面温度较低，空气中的水蒸气在冷却后凝结成小水滴，加上风速较低，空气流动缓慢，雾更容易形成和积聚。因此，湿度高且风速低的早晚时段更容易出现雾。

液化现象在日常生活中有着广泛的应用，一个很常见的例子就是冰箱的制冷原理。冰箱的制冷系统主要通过制冷剂的液化和蒸发来实现降温。以前常用的冰箱使用氟利昂作为制冷剂，氟利昂是一种既易汽化又易液化的物质，在汽化时吸热，液化时放热。气态的氟利昂被压缩机压入冷凝器会液化，同时释放大量的热量，这些热量被传导到外界；液态的氟利昂通过毛细管进入冰箱冷冻室的管子会汽化，吸收大量的热量，从而降低周围的温度，这一过程循环往复，实现了制冷效果。但冰箱破损后，氟利昂会释放到大气中，严

传统文化中的科学

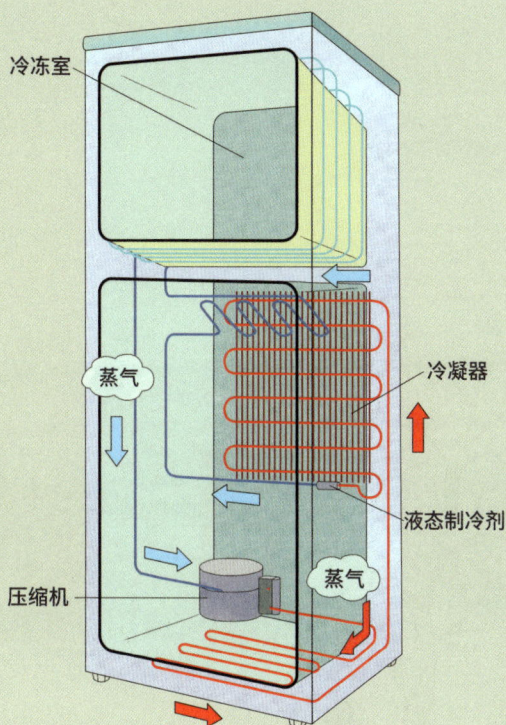

冷冻室

蒸气

冷凝器

液态制冷剂

蒸气

压缩机

重破坏臭氧层。臭氧层在高空吸收紫外辐射，不仅有助于大气增温，还能保护地球上的生物免受有害紫外辐射的伤害。当臭氧层被破坏后，大量有害紫外辐射会直接照射地球表面，对生物健康构成严重威胁。因此，现在越来越多清洁、环保的制冷剂被研发出来，氟利昂的使用正不断减少。

传统文化中的科学

夜坐吟

唐·李白

冬夜夜寒觉夜长，沉吟久坐坐北堂。

冰合井泉月入闺，金釭青凝照悲啼。

金釭灭，啼转多；掩妾泪，听君歌。

歌有声，妾有情；情声合，两无违。

一语不入意，从君万曲梁尘飞。

寒冷的冬夜仿佛永无尽头，一个女子独自坐在北堂的寒灯下沉吟，心思如水般深远。寒泉已经结冰，冷月透过窗棂洒进闺房，那幽幽的灯火，映照在她的脸上，显得格外清冷。灯火忽然被一阵寒风吹灭，屋内瞬间陷入黑暗，悲伤如潮水般涌来，泪水再次盈满她的眼眶，她哭得愈发悲切。就在这时，一阵低沉的歌声传入她的耳中，犹如冬夜中的一缕暖风，瞬间吹拂过她冰冷的心田。她急忙擦干脸上的泪水，停止了悲泣，屏息静听。那歌声充满了深意，仿佛在诉说着什么，她的心也随之被触动。这歌声与她的心意如此契合，仿佛歌者能够理解她所有的思绪与感情。她的心被那歌声柔柔包裹，所有的孤寂和悲伤似乎都在这一刻得到了安抚。她知道，这歌声中包含着深沉的情感，与她的内心共鸣；若是歌声中有一句与她的心意不合，她便会立即察觉，即使余音绕梁，她也不会动心。然而，此时此刻，那歌声仿佛专为她而唱，在诉说她的心事。

这首诗是大诗人李白以乐府旧题写女子对真挚情感的坚守。诗中"冰合井泉"四字营造了凄清、幽冷的氛围，同时也暗含着一种生活中常见的现象——凝固。

水也能变成液体钻石

　　物质从液态变成固态的过程叫作凝固，这是一个放热过程。例如，水凝固成冰，是生活中常见的现象。在标准大气压下，水在温度降至0℃时开始结冰。在这个过程中，水分子逐渐失去能量，运动速度减慢，相互之间的吸引力增大，最终形成稳定的晶格结构，变成固态的冰。冰的形成不仅是温度降低的结果，还与环境的压力有关。在不同的压力条件下，水的凝固点也会有所变化。

　　凝固现象在日常生活中有着广泛的应用和表现。例如，混凝土的凝固是建筑过程中不可或缺的一步。混凝土在浇筑后，通过水化反应逐渐凝固，最终形成坚固的建筑材料。混凝土的水化反应是一个复杂的过程，涉及多种化学成分，如硅酸三钙、硅酸二钙、氢氧化钙等的相互作用。这个过程需要在适当的温度和湿度条件下进行，

晶莹剔透的冰块

以确保混凝土的强度和耐久性。在温度过低的环境中，混凝土可能无法完全凝固，导致强度不足；而在温度过高的环境中，混凝土可能会过快失去水分，导致裂缝的形成。因此，在施工过程中，必须严格控制环境条件，以确保混凝土的质量。

在医疗领域，凝固现象也得到了广泛应用。例如，外科手术中使用的冷冻疗法，利用低温将病变组织冻住，然后通过切除或自然脱落的方式去除病灶。这种方法在治疗皮肤病、肿瘤等方面有着显著效果。

凝固现象不仅仅是一个物理过程，它在生活和生产中还有着重要的意义，丰富了我们的生活，推动了社会的发展。我们要更好地理解和应用这一自然现象，提升我们的生活质量和技术水平。

混凝土浇筑

传统文化中的科学

枫桥夜泊

唐·张继

月落乌啼霜满天，江枫渔火对愁眠。

姑苏城外寒山寺，夜半钟声到客船。

月亮渐渐西沉，整个天宇只剩下灰蒙蒙的光影，繁霜暗凝，乌鸦在寒夜中凄凉地啼叫。江边的枫树在夜色中静静地伫立，江上的渔火星星点点地闪烁着，诗人躺在船舱中辗转难眠，对着枫树和渔火，满怀忧愁，思绪万千。远处，姑苏城外，那座清静而寂寞的寒山寺，在朦胧的夜色中若隐若现。午夜时分，寒山寺的古钟声突然响起，悠扬的钟声穿透宁静的夜空，传到停泊在江边的客船上。诗人在这钟声中愈发感到孤独，多了一份难以言表的羁旅之思。

全诗以夜色为背景，以景衬情，通过对自然景物的细腻描绘，勾画了月落乌啼、霜天寒夜、江枫渔火、孤舟客子等景象，表达了诗人漂泊异乡的孤寂之情。"霜"作为描写秋冬冷清、肃杀氛围的典型意象，蕴含了常见的科学原理——凝华。

霜的诞生

物质从气态直接变成固态的过程叫作凝华。在夜晚，当地表温度下降到冰点以下时，空气中的水蒸气直接在地面或植物表面凝结成细小的冰晶，这就是我们看到的霜。凝华现象常发生在清晨或者夜晚温度较低的时候，特别是在秋冬季节，晴朗无风的夜晚更易形成霜。

霜的形成需要满足两个条件：首先，空气中的水汽含量必须足够高；其次，地表温度需要降到冰点以下。由于夜晚地表辐射冷却，热量散失快，温度容易降到0℃以下，当空气中的水蒸气接触到冷却的地表时，就直接凝华成霜。

不知道你是否见过雾凇？在我国东北地区，雾凇十分常见，吉

吉林雾凇

传统文化中的科学

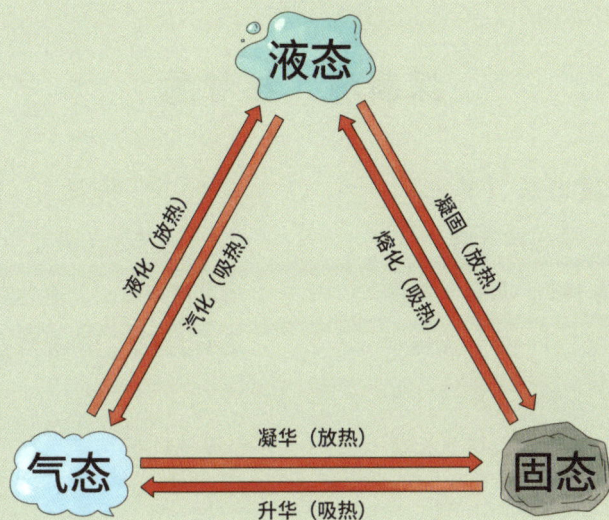

林雾凇更是被列为中国四大自然奇观之一。雾凇以其晶莹剔透的冰晶覆盖树木和物体而闻名，它的形成需要特定的气象条件。首先，空气中的水汽必须足够多，通常在湖泊、河流等水汽充足的地方最为常见。其次，气温必须低于0℃，尤其是在 –5℃到 –15℃时，过冷却的水汽才会在物体表面直接凝华成冰晶。大风是雾凇形成过程中的天敌，它总能把形成过程中结构松散的冰晶吹散，而微风或静风条件下水汽方能顺利凝华成雾凇。因此，雾凇常见于风速较小的清晨或夜晚，并且当大气稳定且湿度高时更容易出现。这种现象不仅是大自然的美丽景观，也是大气中水汽凝华过程的典型例子，展示了自然界中物质的奇妙变化。

探新境，拓智慧

归园田居（其三）
晋·陶渊明

种豆南山下，草盛豆苗稀。

晨兴理荒秽，带月荷锄归。

道狭草木长，夕露沾我衣。

衣沾不足惜，但使愿无违。

大诗人陶渊明创作了这样一首充满轻松与愉悦的田园诗，细腻生动地描写了他对农田劳动生活的体验。傍晚的露水沾湿了他的衣服，他却并不觉得有什么值得可惜的，只要不违背他的意愿就行。傍晚露水较多是因为白天温度较高，地表水分蒸发旺盛，空气中水汽含量高；日落后地面迅速降温，近地面空气温度降至露点以下，水汽便凝结成小水滴附着在草木等表面形成露珠。在晴朗无风、湿度大的天气条件下则更易形成明显露水。

梅花
宋·王安石

墙角数枝梅，凌寒独自开。

遥知不是雪，为有暗香来。

梅花选择在严寒的墙角孤独地绽放，远观是雪，走近却闻到一股清幽的香气。这种手法既表现了梅花洁白无瑕的外表，又突出了其独特的内在，使梅花的形象更加鲜明生动。诗人以梅花为象征，表达了自己坚贞不屈、孤芳自赏的高尚品质。诗人未见梅花先闻其香，是因为分子的扩散现象。梅花散发的芳香物质分子在空气中不断运动，随风扩散到远处。

成语中的科学

3

成语中的天文学

传统文化中的科学

人生不相见，动如参与商。今夕复何夕，共此灯烛光！
少壮能几时？鬓发各已苍！访旧半为鬼，惊呼热中肠。
焉知二十载，重上君子堂。昔别君未婚，儿女忽成行。
怡然敬父执，问我来何方？问答乃未已，儿女罗酒浆。
夜雨剪春韭，新炊间黄粱。主称会面难，一举累十觞。
十觞亦不醉，感子故意长。明日隔山岳，世事两茫茫。

【动如参商 】

　　该成语出自唐代诗人杜甫的杰作《赠卫八处士》。
参（shēn）、商，二星名。商星居于东方卯位（上午五
点到七点），参星居于西方酉位（下午五点到七点），
二星一出一没，永不相见，因而动如参商用于比喻长时
间的分离，难以会面。"人生不相见，动如参与商"，
这两句诗深情地描绘了人生难以重逢的哀愁，如同夜空
中那永不相见的参星与商星。古人将情感寄托于浩渺的
宇宙之中，让参、商二星成为别离愁思的象征。

中国古代星宿的专属情感

在古代中国，为了更精准地理解天象，天文学家们将恒星分组，每组赋予一个特定的名称，称为星官。这些星官，从仅包含一颗星到数十颗星不等，各自占据不同的天区。随着时间的推移，三垣和二十八宿逐渐崭露头角，成为中国古代星空划分体系的核心。

三垣，即紫微垣、太微垣、天市垣，它们各自拥有东、西两藩的星，犹如城墙般环绕，因此得名"垣"。而二十八宿，则是古人根据想象的太阳周年运行轨道——黄道，选取了二十八个特定的星区，将黄道中的恒星分成二十八个星座而得名。这些星宿按照东、北、西、南四个方向划分，每一方向各有七宿，形态各异：

四象二十八宿

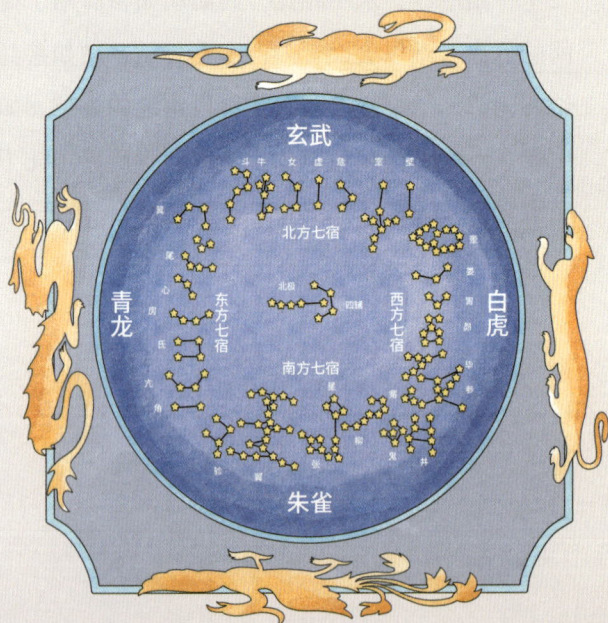

东方七宿，形如巨龙，依次为角、亢、氐、房、心、尾、箕。

北方七宿，状似龟蛇，依次为斗、牛、女、虚、危、室、壁。

西方七宿，宛若猛虎，依次为奎、娄、胃、昴、毕、觜、参。

南方七宿，仿佛飞鸟，依次为井、鬼、柳、星、张、翼、轸。

     三垣二十八宿不仅是古人观测日、月、五星位置的参照，更是他们测定岁时、季节的重要工具。例如，当参宿在初昏时位于正南，即意味着春季的正月来临；而心宿高悬正南，则预示着夏季五月的到来。二十八宿以不同的方位掌管着昼夜、寒暑的交替，成为古人理解宇宙、感知自然的重要窗口。

     古代中国的天文学家们，用他们的智慧和观察力，将星空中的星星编织成一幅幅动人的画卷。他们不仅发现了参、商二星的不相遇，更将这一自然现象赋予了深刻的情感内涵，使其成为离别与思念的象征。这种将生命体有限的情感与永恒的星空相融合的智慧，让我们在仰望星空时，不禁为古人的深邃思想所折服。

传统文化中的科学

读书不觉已春深，一寸光阴一寸金。

不是道人来引笑，周情孔思正追寻。

【一寸光阴一寸金】

该成语出自唐王贞白《白鹿洞二首（其一）》，意思是一寸光阴和一寸长的黄金一样昂贵，比喻时间十分宝贵。元代诗人同恕《送陈嘉会》也有"尽欢菽水晨昏事，一寸光阴一寸金"。

长度丈量时间，时空序位的转换

古人用一寸光阴一寸金来告诉我们光阴宝贵的道理。光阴称"寸"，源于古人用晷来测算时间。晷，又称日晷，是在圆形板上刻上表明时间的度数，圆中心立一小棍，从日出到日落，小棍的阴影由长而短，又由短而长地映在度数上，即表示着时间。寸阴，即阴影缩短或延长一寸的距离。而利用日晷计算时间的基础，正是地球公转产生四季变化，以及地球自转产生昼夜变化，来测定和计算每天的时刻。

日晷

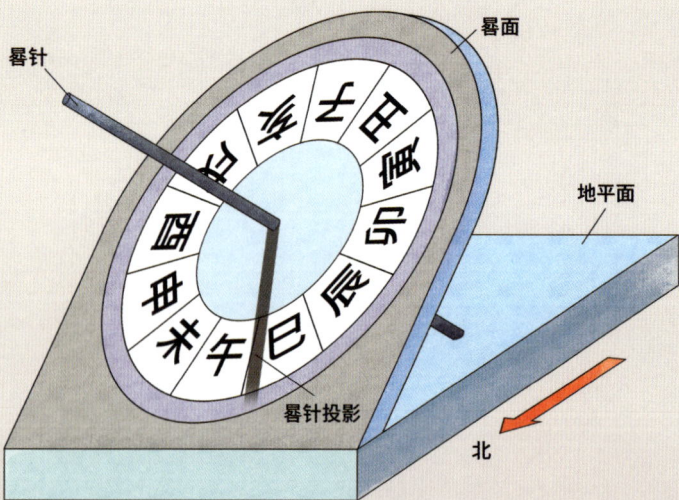

晷针　晷面　地平面　晷针投影　北

那么，日晷是怎么使用的呢？在晷面的正反两面刻画出 12 个大格，每个大格代表 2 个小时。当阳光照在日晷上时，晷针的影子就会映照在晷面上，所以每天太阳由东向西移动时，影子也随之由西向东移动，晷面上的刻度是不均匀的。因此我们可以把日晷类比为现代的时钟，晷针影子好像是现代钟表的指针，晷面则是钟表的表盘，以此来显示时刻。早晨影子投向盘面西端的卯时附近，当太阳到达正南最高位置时，对应正午时分。午后，太阳向西移动，日影东斜，日晷上依次指向未、申、酉各个时辰。

　　日晷是最古老的、以日影测时的计时仪器，如今它已成为人类文明的象征。我国历史悠久、文化发达，是世界上最早使用日晷测时的文明古国之一。迄今为止，我国发现最早的石刻日晷是距今 2200 多年的西汉文物。因为兼具科学魅力和艺术价值，日晷雕塑总是科学景观雕塑的主角，现代人更是赋予其珍惜时间、努力拼搏等寓意。日晷指天接地，寓意着"天行健，君子以自强不息；地势坤，君子以厚德载物"，激励着后人不断奋发，永不停息。

传统文化中的科学

身安静宇蝉初蜕，梦绕南华蝶正飞。卧一榻清风，看一轮明月，盖一片白云，枕一块顽石。直睡的陵迁谷变，石烂松枯，斗转星移。长则是抱元守一，穷妙理，造玄机。

【斗转星移】

该成语出自元马致远《陈抟高卧》第三折，意思是星斗变动位置，后来也代指时间的变化。民间谚语有云："斗柄指东，天下皆春；斗柄指南，天下皆夏；斗柄指西，天下皆秋；斗柄指北，天下皆冬。"意思就是说，春天的晚上，北斗七星的斗柄朝东；夏天的晚上，北斗七星的斗柄朝南；秋天的晚上，北斗七星的斗柄朝西；冬天的晚上，北斗七星的斗柄朝北。这说明我们可以用北斗七星来判断季节，而斗转星移正与浪漫且神秘的北斗七星密切相关。

星斗变化，四季交替

北斗七星，又称北斗星，是人们对天空中七颗亮星的统称。它们在北半球的夜空中形成了一个显著的勺子形状，为人们指引方向。

北斗七星由七颗星组成，分别为天枢、天璇、天玑、天权、玉衡、开阳和摇光，对应着大熊座 α、大熊座 β、大熊座 γ、大熊座 δ、大熊座 ε、大熊座 ζ、大熊座 η。其中，天枢至天权四颗星组成了勺子的上半部分，称为魁；而剩下的玉衡至摇光三颗星则组成了勺子的下半部分，称为杓。在中国传统文化中，北斗七星是天地秩序的制定者，春生、夏长、秋收、冬藏都是随北斗指向而来临的。

北斗七星

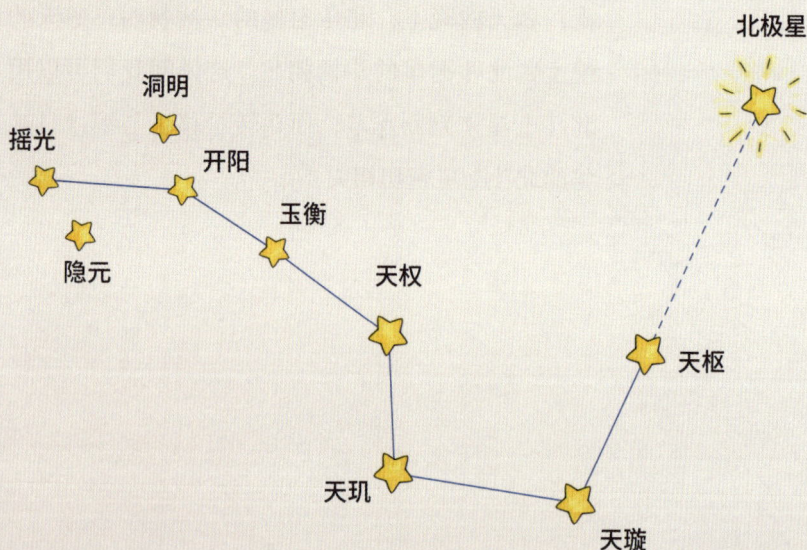

北极星

洞明

摇光

开阳

玉衡

隐元

天权

天枢

天玑

天璇

传统文化中的科学

那么，我们如何利用北斗七星辨认方向呢？首先，我们需要找到北斗七星，然后将斗口的那两颗恒星连接起来，再将其延长线向内侧延长大约五倍的距离就会看到一颗恒星，这颗恒星就是北极星。北极星位于天空的正北方，找到了北极星，我们就可以在漆黑的夜晚辨认出方向了。同时不管是在哪个季节，北斗七星都在天空的北方，位于北极星附近，斗口的天枢星和天璇星的连线始终指向北极星。唯一变化的是斗柄，会随着季节的变化而指向不同的方向。

　　"枢为天，璇为地，玑为人，权为时，玉衡为音，开阳为律，摇光为星。"北斗七星的指向是永恒的，从某种意义上来说，它代表了纯洁、浪漫、永不迷失。当你在无尽的黑夜中迷失方向时，别忘记头顶还有七颗耀眼的明星在指引着你前进的路。

传统文化中的科学

公子牟隐机大息，仰天而笑曰："子独不闻夫坎井之蛙乎？谓东海之鳖曰：'吾乐与！出跳梁乎井干之上，入休乎缺甃之崖；赴水则接腋持颐，蹶泥则没足灭跗；还视虾蟹与科斗，莫吾能若也。且夫擅一壑之水，而跨跱坎井之乐，此亦至矣。夫子奚不时来入观乎？'东海之鳖左足未入，而右膝已絷矣。于是逡巡而却，告之海曰：'夫千里之远，不足以举其大；千仞之高，不足以极其深。禹之时十年九潦，而水弗为加益；汤之时八年七旱，而崖不为加损。夫不为顷久推移，不以多少进退者，此亦东海之大乐也。'于是坎井之蛙闻之，适适然惊，规规然自失也。且夫知不知是非之竟，而犹欲观于庄子之言，是犹使蚊虻负山，商蚷驰河也，必不胜任矣。且夫知不知论极妙之言，而自适一时之利者，是非坎井之蛙与？且彼方趾黄泉而登大皇，无南无北，奭然四解，沦于不测；无东无西，始于玄冥，反于大通。子乃规规然而求之以察，索之以辩，是直用管窥天，用锥指地也，不亦小乎？子往矣！且子独不闻夫寿陵余子之学行于邯郸与？未得国能，又失其故行矣，直匍匐而归耳。今子不去，将忘子之故，失子之业。"

【以管窥天】

该成语出自《庄子·秋水》："是直用管窥天，用锥指地也，不亦小乎？"字面意思是通过竹管的孔看天，用来比喻见识短浅、眼界狭窄，对事物或形势的理解不够全面或深入。这个成语提醒人们要开阔眼界，避免片面地看问题。

以朴素的观天术，迈出探索宇宙的第一步

在漫长的历史长河中，人类对宇宙的探索从未停歇。从古代仰望星空的智者，到现代遨游太空的宇航员，我们都在努力揭开宇宙神秘的面纱。而在这漫长的探索之路上，以管窥天作为一种朴素而富有智慧的观天方法，引领我们迈出人类对宇宙探索的第一步。

近代天文望远镜诞生于 400 多年前，换句话说，古人在没有今天我们依赖的工具前已经面对浩瀚的天空几千年了。起初，肉眼是

天文望远镜

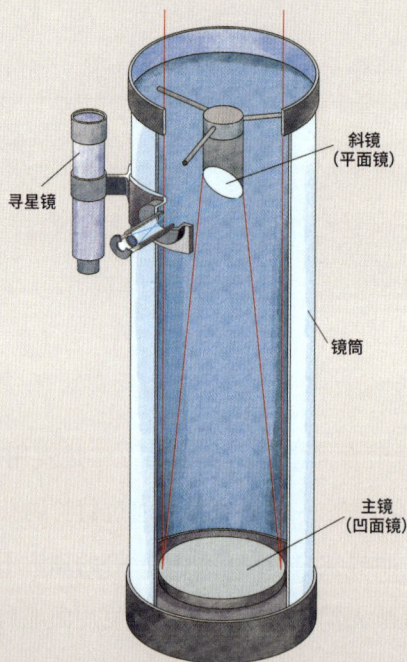

寻星镜

斜镜
（平面镜）

镜筒

主镜
（凹面镜）

传统文化中的科学

唯一的观测手段，然而即便是最好的裸眼视力，也只能看到大范围的天象变化，对于各个天象的微小变化则显得力不从心。于是聪明的古人发明了管，管一般采用竹子或者某种石材为原料，通过小孔限制视野，从而更加集中地观察天空中的某一区域或现象；后又逐步发明了刻有尺度并能转动的仪器，其窥管也改用青铜铸造。通过现代的科学实验证明，用管来观测天象，是有其科学依据的。利用管的限制，可以除去侧光的影响，提高暗星的能见度，直接以肉眼看不见的八等星，通过这样的管即可看见。而窥管的长度、粗细等具体尺寸若适当，效果则会更佳。

在古代，许多智者都曾经尝试过以管窥天。他们通过观察日食、月食、彗星等天文现象，记录了大量的天文数据。这些数据不仅为后人研究古代天文学提供了宝贵的资料，更为现代天文学的发展奠定了基础。

以管窥天，虽是一种古老而朴素的观天方法，却蕴含着人类对未知世界的渴望和探索精神。正是这种精神，推动着我们不断向前迈进，在探索宇宙的道路上不断取得新的成就。

传统文化中的科学

尔乃盛娱游之壮观，奋泰武乎上圃。因兹以威戎夸狄，耀威灵而讲武事。命荆州使起鸟，诏梁野而驱兽。毛群内阗，飞羽上覆，接翼侧足，集禁林而屯聚。水衡虞人，修其营表。种别群分，部曲有署。罘网连纮，笼山络野。列卒周匝，星罗云布。于是乘銮舆，备法驾，帅群臣，披飞廉，入苑门，遂绕酆鄗，历上兰。六师发逐，百兽骇殚。震震爚爚，雷奔电激。草木涂地，山渊反覆。蹂躏其十二三，乃拗怒而少息。

【星罗棋布】

该成语出自东汉班固《西都赋》。在这篇赋中，班固用"列卒周匝，星罗云布"来形容军队排列得非常密集，就像天空中的星星和云彩一样罗列、分布着，后作"星罗棋布"。这个成语被用来形容数量众多、分布广泛的事物或现象。

用天体的分布，描述事物的位置

当我们抬头仰望夜空，会被那无尽的繁星震撼。一颗颗星星，或大或小，或明或暗，它们散落在浩瀚的宇宙中，形成了一幅壮丽的画卷。而在这美丽的画面背后，有一个成语——星罗棋布，非常生动地描绘了这一景象。它用天体的分布来比喻事物在空间上的位置，让我们感受到了一种秩序与美感。

在天文学中，星星是指宇宙间能发光的或反射光的天体，它们在宇宙中的分布是广泛而复杂的，没有固定的模式或规律。然而，当我们从地球的角度观察星空时，由于地球的自转和公转，以及恒星之间的距离和相对位置关系，我们看到的星星似乎呈现出一种有规律的分布。这种分布并不是真正的规律，而是由于我们观察角度和位置的变化所产生的视觉效果。这些星星组成了不同的星座、星系和星云，它们在宇宙中各自占据着属于自己的位置，形成了宇宙的基本结构。这种秩序能让我们更容易地认识和理解宇宙。

其实，星罗棋布这个成语并不仅仅用来描述宇宙中的天体分布。在我们的日常生活中，它也可以用来描述很多事物在空间上的分布情况。比如，我们的学校就是一个很好的例子。校园里，教学楼、图书馆、操场等设施星罗棋布，按照一定的顺序和位置排列着，为我们提供了一个良好的学习环境。这种布局不仅让我们能够更加方便地学习和交流，也让我们感受到了学校的秩序和纪律。

了解过星罗棋布的意义后，让我们重新去审视周围的世界时，会惊喜地发现，许多平凡的事物都展现了一种令人赞叹的秩序和美感。树叶在树枝上错落有致地排列，每一片都以其独特的姿态彰显

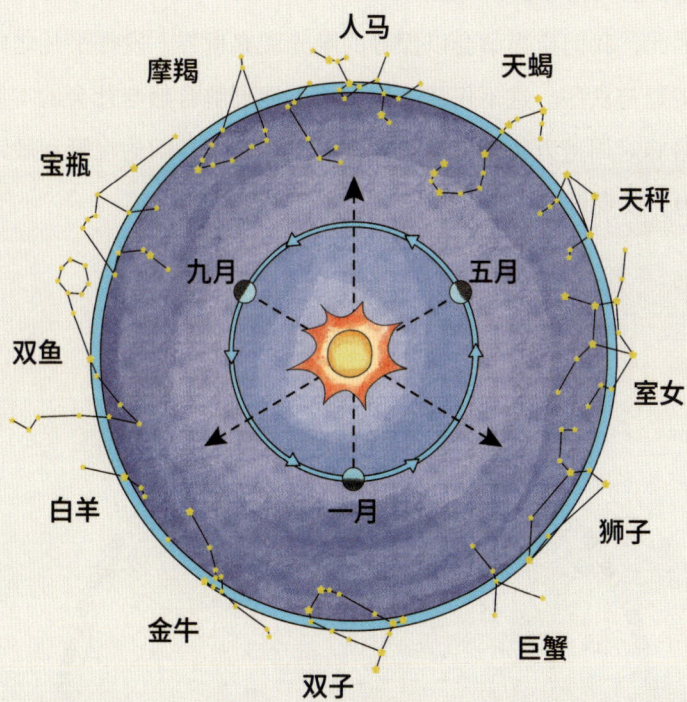

人马 摩羯 天蝎 宝瓶 天秤 双鱼 室女 白羊 狮子 金牛 巨蟹 双子

九月 五月 一月

着生命的绿意；花朵在花坛中竞相绽放，它们的色彩与形态交织成一幅绚烂的画卷；人群在广场上自由自在地活动，他们的身影和声音交织成一幅生动的社会图景。这些看似琐碎的事物，实际上都蕴含着宇宙的奥秘和自然的法则。

因此，我们应当学会以探寻的眼光观察世界，发掘平凡之中隐藏的美好与秩序。这不仅让我们更深入地理解自然与社会的本质，更能培养对周遭万物的珍视与欣赏。愿我们以开阔的视野和敏锐的观察力，发现世间之美，体验生活之丰盈。

南宋石刻天文图

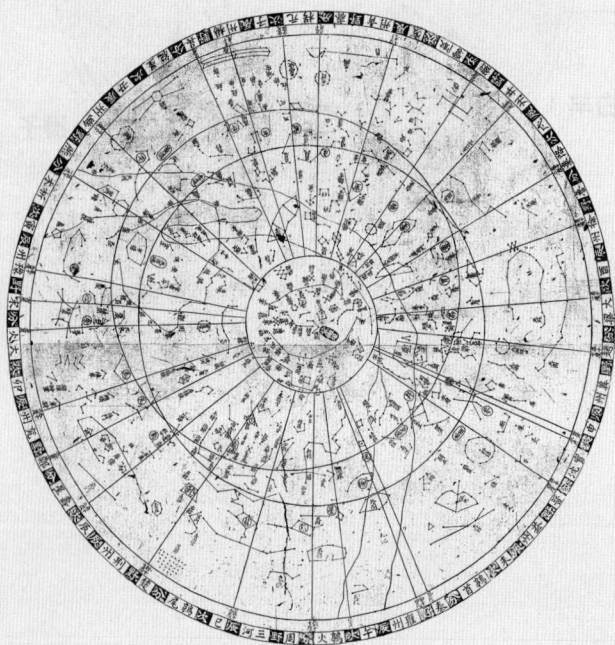

　　　　　　　　　　　　　　　　　　　传统文化中的科学

探新境，拓智慧

杞人忧天

该成语出自《列子·天瑞》："杞国有人忧天地崩坠，身亡所寄，废寝食者。又有忧彼之所忧者，因往晓之，曰：'天，积气耳，亡处亡气。若屈伸呼吸，终日在天中行止，奈何忧崩坠乎？'"这则寓言嘲笑了那种整天怀着毫无必要的担心和无穷无尽的忧愁，既自扰又扰人的庸人，告诉人们不要毫无根据地忧虑和担心。

天文知识：随着高度的下降，气温也会逐渐上升，在高度下降到一定程度的时候，云中细小的云滴就会蒸发成水蒸气，然后重新上升（因为比空气轻），在没有其他气流影响的情况下，当这些水蒸气达到一定高度的时候，又会再次凝结成云滴，从而对云层进行了补充。

气冲牛斗

该成语出自唐崔融《咏宝剑》，"匣气冲牛斗，山形转辘轳"，形容宝剑的气势之盛，仿佛能直冲牛斗之间。这个成语主要用来形容一个人非常愤怒或气势强大的状态。

天文知识：牛斗指的是中国古代天文学中的两个星宿——牛宿和斗宿。牛宿（又名牵牛）是二十八宿之一，北方玄武七宿的第二宿，包含六颗星。斗宿（又名南斗）也是二十八宿之一，北方玄武七宿的第一宿，由多颗星组成。在古代，人们通过观察星象来安排农事、预测吉凶等，牛宿和斗宿作为天空中的两个重要星宿，也被赋予了特殊的象征意义。例如，牛宿被用来象征耕作和收获，而斗宿在道教中被认为掌管着人的生寿。

成语中的地理学

传统文化中的科学

黔无驴，有好事者船载以入。至则无可用，放之山下。虎见之，庞然大物也，以为神。蔽林间窥之，稍出近之，慭慭然莫相知。他日，驴一鸣，虎大骇远遁，以为且噬己也，甚恐。然往来视之，觉无异能者。益习其声，又近出前后，终不敢搏。稍近，益狎，荡倚冲冒，驴不胜怒，蹄之。虎因喜，计之曰："技止此耳。"因跳踉大㘎，断其喉，尽其肉，乃去。噫！形之庞也类有德，声之宏也类有能，向不出其技，虎虽猛，疑畏卒不敢取。今若是焉，悲夫！

【黔驴技穷】

该成语出自唐柳宗元《三戒·黔之驴》。文章讲述一头驴子被运到黔（今贵州）后，因贵州没有驴，老虎因其陌生而感到害怕；然而经过多次试探和观察，老虎最终意识到驴子并无特别本领，从而将其吃掉。这个成语通常用来形容那些初看似乎强大，实则本领有限，一旦遇到真正的挑战便束手无策的人或事物。

环境造就物种，物种影响环境

　　是否有人思考过，为什么贵州没有驴？为什么贵州的居民不用驴来拉货呢？这就体现了环境对物种的塑造和物种对环境的适应。环境是物种生存的舞台，它提供了物种生存所需的各种条件，包括食物、水源、气候等。而物种，则根据环境的特性，发展出各自独特的生存技能和习性。贵州，位于我国西南部高原山地，平均海拔在 1100 米左右，境内山脉众多，绵延纵横，重峦叠嶂，山高谷深，有"八山一水一分田"之说，是全国唯一没有平原支撑的省份。驴，四肢细长，蹄子较小且直立，蹄质坚硬，在平原地区多用于货物运输。由此我们可以看出，这样的地理环境决定了驴这种以平原地区货物运输为主要功能的动物，并不适宜在贵州生存。驴的蹄子细小

贵州梯田

　　　　　　　　　　　　　　　　　传统文化中的科学

贡嘎山的
物种多样性
数据截至2023年10月

而坚硬，适合在平坦的路面上行走，但在贵州的山路上，它们的蹄子会受到严重的磨损。而且，驴的奔跑速度相对较慢，在面对山区的捕食者时很难逃脱，只能乖乖束手就擒。因此，驴并未成为贵州地区的常见动物。

　　环境与物种的相互关系存在于世界的每一个角落。例如，骆驼宽大的蹄子能帮助它在松软的沙地上行走而不陷进去；南极企鹅用厚厚的"羽绒服"抵御零下几十度的严寒……

　　环境造就物种。每一个物种，都是环境精心雕琢的作品，它们身上所展现的每一个特点，都是对环境的最好回应。物种影响环境。每一个物种，都是环境的一分子，它们的存在和活动，都在不断地改变和塑造着环境。

传统文化中的科学

习习谷风，以阴以雨。黾勉同心，不宜有怒。
采葑采菲，无以下体？德音莫违，及尔同死。
行道迟迟，中心有违。不远伊迩，薄送我畿。
谁谓荼苦，其甘如荠。宴尔新昏，如兄如弟。
泾以渭浊，湜湜其沚。宴尔新昏，不我屑以。
毋逝我梁，毋发我笱。我躬不阅，遑恤我后。
就其深矣，方之舟之。就其浅矣，泳之游之。
何有何亡，黾勉求之。凡民有丧，匍匐救之。
不我能慉，反以我为仇。既阻我德，贾用不售。
昔育恐育鞠，及尔颠覆。既生既育，比予于毒。
我有旨蓄，亦以御冬。宴尔新昏，以我御穷。
有洸有溃，既诒我肄。不念昔者，伊余来墍。

【泾渭分明】

该成语出自《诗经·邶风·谷风》，"泾以渭浊，湜湜其沚"，先秦时泾水清澈而渭水浑浊。诗句以简洁而深刻的笔触，揭示了泾河与渭河之间鲜明的对比。成语比喻的是界限清楚或是非分明，而在泾渭分明景象的背后，则隐藏着地理环境与河流含沙量之间的深刻联系。

地理环境与河流的含沙量

　　河流的含沙量，通俗地说，就是河流中携带的泥沙量。这一指标不仅受到河流流量、流速的影响，更与河流所流经的地理环境、气候条件、植被覆盖率等因素息息相关。泾河作为一条重要的河流，其流域辽阔，流经地区多为山地和丘陵。黄土高原，这片由厚重黄土堆积而成的高原，其地貌沟壑纵横，地面破碎，植被稀疏，土壤侵蚀严重。每当雨水冲刷地面，大量的泥沙便会被裹挟入河中，使得泾河的水质显得浑浊，含沙量极高。

　　而渭河，则流经相对平坦的关中平原，这片被誉为八百里秦川的沃土，气候湿润，植被茂密。在这里，雨水降临时，由于茂密的

泾渭分明

　　　　　　　　　　　　　　　　　　传统文化中的科学

植被能够有效地固定土壤，水土流失现象相对较少。因此，渭河的水质相对清澈。当这两条河流在交汇点相遇时，泾河的浑浊与渭河的清澈相互映衬，形成了一幅鲜明的地理画卷。

然而，泾渭分明并非一成不变的自然现象。事实上，一年中，随着季节的更替和雨带的移动，两河的含沙量也会发生变化。上半年，多为渭河水浊而泾河水清；下半年，则多为渭河水清而泾河水浊。这是因为两河的雨季和汛期相互错开，渭河因地理位置偏南而较早进入雨季，汛期来临，水中含沙量便升高；而当雨带从北向南返回时，泾河则先于渭河进入雨季，河水变得浑浊，而渭河此时则相对清澈。

此外，泾渭分明也提醒我们深思地理环境与人类活动之间的微妙关系。黄土高原的水土流失问题，正是导致泾渭分明这一自然现象的重要原因之一。它不仅对河流的水质产生了深远影响，更对当地的生态环境和经济发展造成了严重困扰。我们应该认识到，保护环境、维护生态平衡是每个人的责任，只有尊重自然、顺应自然，才能实现人与自然和谐共生，让绿水青山成为我们真正的金山银山。

传统文化中的科学

至阳之精，内含文明。成命宥密，神化阴骘。倬元圣而纬天，烁灵符之在日。人文变见，玄象贞吉。焕尔殊容，昭然异质。三阳并列，契乾体以成三；一气贯中，表圣人之得一。当是时也，河清海晏，时和岁丰。车书混合，华夷会同。

【河清海晏】

该成语出自唐郑锡《日中有王字赋》，它源于古代对太平盛世的描绘，用来形容天下太平、政治清明、社会安定的景象。这个成语不仅体现了古人对国家政治的期望，更表达了对自然生态平衡的珍视。水源，作为自然生态的重要组成部分，其中，黄河——中华民族的母亲河，自古以来便受到人们的悉心保护。

保护水源，自古有之

　　黄河流域脆弱的生态从来都是一个亟待解决的问题。黄河上游地区生态环境较为恶劣，水土流失严重，导致黄河泥沙含量居高不下。中游地区黄土高原的植被破坏和过度开垦，加剧了水土流失和土壤侵蚀。下游地区则由于河道淤积和人为干预，河流生态系统遭到破坏，生物多样性减少。

　　古人非常重视植树造林和保持水土。在黄河上游地区，人们大力种植树木，以防止水土流失，保护水源地的生态环境。同时，他们还采取了一系列水土保持措施，如修建梯田、修筑堤坝等，以减少泥沙流入黄河，调节黄河的水流，防止水患的发生，保持水质的清澈。

　　古代政府也制定了一系列法律法规，严禁在黄河水源地附近进

黄河乾坤湾

　　　　　　　　　　　　　　　　　　　　　传统文化中的科学

行污染环境的活动。对于污染水源的行为，政府会给予严厉的惩罚，以确保水源地的安全。此外，政府还设立了专门的水利管理机构，负责监督和管理黄河水源的保护工作。

综上所述，古人对黄河水源的保护采取了多种措施，从法律法规到工程技术等方面都进行了深入的探索和实践。这些措施不仅保护了黄河水源，也为后人留下了宝贵的经验和启示。在今天，我们仍然需要借鉴古代的智慧和经验，加强黄河水源的保护工作，确保黄河的永续利用和中华民族的可持续发展。

让我们携手共进，以河清海晏为愿景，以坚定的信念和更加有力的行动，共同守护好我们的母亲河。

清澈的黄河水

传统文化中的科学

职方氏掌天下之图，以掌天下之地，辨其邦国、都鄙、四夷、八蛮、七闽、九貉、五戎、六狄之人民，与其财用、九谷、六畜之数要，周知其利害。乃辨九州之国，使同贯利。东南曰扬州，其山镇曰会稽，其泽薮曰具区，其川三江，其浸五湖，其利金、锡、竹箭，其民二男五女，其畜宜鸟兽，其谷宜稻。

司马牛忧曰："人皆有兄弟，我独亡。"子夏曰："商闻之矣：死生有命，富贵在天。君子敬而无失，与人恭而有礼。四海之内，皆兄弟也。君子何患乎无兄弟也？"

【五湖四海】

该成语指全国各地，有时也指世界各地；现也比喻广泛的团结。"五湖"出自《周礼·夏官·职方氏》，"四海"出自《论语·颜渊》。唐吕岩《绝句》云："斗笠为帆扇作舟，五湖四海任遨游。"

由此可知，古人用五湖四海来划定国土的大致范围，那这五湖究竟是哪五湖，四海又是哪四海呢？这与古人用地理事物划分地域的思想是分不开的。

古人如何借助自然之景划分地域

实际上，如今的五湖四海与古人所说的是不同的。今天我们常说的五湖是指江西北部的鄱阳湖、湖南北部的洞庭湖、江苏南部的太湖、江苏西部的洪泽湖、安徽中部的巢湖。这些湖泊有的是长江流域重要的调蓄湖泊，有的是物产丰富的渔业胜地，有的是重要的航运枢纽……

历史上的五湖，《周礼·夏官·职方氏》有"东南曰扬州……其泽薮曰具区，其川三江，其浸五湖"，郑玄注曰："具区、五湖在吴南。浸，可以为陂灌溉者。"具区，即太湖。而《通鉴地理通释·十道山川考》中记载，五湖即洞庭湖、彭蠡（鄱阳湖）、巢湖、太湖、鉴湖（到清朝被洪泽湖代替）。

洞庭君山

　　我们今天所说的四海是渤海、黄海、东海和南海。同样的，我们对四海的认识也随时间发生了变化。最初的四海泛指全国各地，后来逐渐转变为东海、西海、南海、北海，由此可见古人用不同方位水域划分区域的意识。其中，北海在古代文献中大概指现今的渤海；东海则大约对应现今的黄海，因其地处黄河下游东边而得名；南海即现今的南海；西海的区域至今尚不能清晰界定。

　　通过对比古代和现代相同词语的不同含义，我们能了解到古人如何借助自然之景划分地域，也能更好地感受自然环境的演变。希望来自五湖四海的你们，能走遍祖国的大好河山，感受自然的奥义。

传统文化中的科学

却说鲁肃见周瑜卧病，心中忧闷，来见孔明，言周瑜卒病之事。孔明曰："公以为何如？"肃曰："此乃曹操之福，江东之祸也。"孔明曰："公瑾之病，亮亦能医。"肃曰："诚如此，则国家万幸。"即请孔明同去看病。肃先入见周瑜。瑜以被蒙头而卧。肃曰："都督病势若何？"周瑜曰："心腹搅痛，时复昏迷。"肃曰："曾服何药饵？"瑜曰："心中呕逆，药不能下。"肃曰："适来去望孔明，言能医都督之病。现在帐外，烦来医治，何如？"瑜命请入，教左右扶起，坐于床上。孔明曰："连日不晤君颜，何期贵体不安！"瑜曰："'人有旦夕祸福'，岂能自保？"孔明笑曰："'天有不测风云'，人又岂能料乎？"瑜闻失色，乃作呻吟之声。孔明曰："都督心中似觉烦积否？"瑜曰："然。"孔明曰："必须用凉药以解之。"瑜曰："已服凉药，全然无效。"孔明曰："须先理其气。气若顺，则呼吸之间自然痊可。"瑜料孔明必知其意，乃以言挑之曰："若得顺气，当服何药？"孔明笑曰："亮有一方，便教都督气顺。"瑜曰："愿先生赐教。"孔明索纸笔，屏退左右，密书十六字曰："欲破曹公，宜用火攻；万事俱备，只欠东风。"

【万事俱备，只欠东风】

　　该成语出自家喻户晓的古典小说《三国演义》第四十九回，如今被我们用来比喻一切都准备好了只差一个重要条件。那大家会不会好奇，诸葛亮为何能够正确预测风向呢？难不成古代也有天气预报吗？接下来，让我们回到一千八百年前的赤壁前夜。

古人也看天气预报

赤壁之战发生在公元 208 年，是东汉末年孙权、刘备联军在长江赤壁（今湖北省赤壁市西北）一带大破曹操大军的战役。这是中国历史上著名的以少胜多、以弱胜强的战役之一，是三国时期"三大战役"中最为著名的一场，使天下三分的局势初步形成。

《三国演义》中花费了大量笔墨对赤壁之战进行描写。刘备的军师诸葛亮和孙权的大将周瑜，商讨破敌良策，两人不谋而合，都主张只有火攻，才能打败曹操。可等一切都准备好后，周瑜却发现曹操的船只都停在大江北岸，而己方的船只停靠南岸。此时正值冬季，只有西北风，如果用火攻，不但烧不着曹操，反而会烧到自己头上。周瑜眼看火攻不能实现，急得口吐鲜血，因而便有了书中所说："孔明索纸笔，屏退左右，密书十六字曰：'欲破曹公，宜用

湖陆风的形成

传统文化中的科学

火攻；万事俱备，只欠东风。'"一语猜中周瑜心思的诸葛亮表示自己能够确保近期会刮几天东南风。果不其然，孙刘联军最终依靠东风带动火势，大破曹军。

其实，这涉及一个地理知识——湖陆风。白天在太阳照射下，湖面气温低，气压高，反之陆面气温高，气压低，风从气压高的地方吹向气压低的地方，所以白天从湖面吹向陆面，这就是所谓的湖风。夜晚湖面气温高，气压低，陆面气温低，气压高，由此高气压流向低气压，也就是从陆面吹向湖面，这就是所谓的陆风。

此外，赤壁一带毗邻洞庭湖，水量非常充沛，在这样的地理条件下很容易产生湖陆风向。赤壁一带的陆风深入湖面，周围又没有高大山脉阻挡，风力强劲，因而孙刘联军才能火烧赤壁，取得胜利。

由此可见，地理环境因素常常被古人列入作战条件之中，正如诸葛亮依据湖陆位置预测风向，制定战略。我们也应当更多地将地理知识运用于生活之中。

探新境，拓智慧

沧海桑田

该成语出自晋葛洪《神仙传·麻姑》："麻姑自说云：'接待以来，已见东海三为桑田……'"其意思是大海变成农田，农田变成大海，比喻世事变化巨大，变化久远。

地理原理：从地质学的角度来看，沧海桑田寓意海陆格局的变迁。地球的陆地是移动而非固定的，地球的大陆可以分为七块"拼图"——板块，板块在运动过程中会相互不断地发生碰撞挤压和张裂，板块相互碰撞挤压会形成高山，板块发生张裂运动会形成新的大洋。板块运动造成大洋的俯冲消减与超大陆的分分合合，海洋转化为陆地与高山，大陆转化为盆地与大洋。

南船北马

该成语出自唐孟郊《送从叔校书简南归》："北骑达山岳，南帆指江湖。"其意思是南方人善于驾船，北方人善于骑马，形容各有所长，同时也反映了中国南北方自然地理环境差异对人类生活方式和交通工具选择的影响。

地理原理：南方地区多丘陵、山地，地形复杂，地势起伏大，气候湿润，降水丰富，河流和湖泊众多。北方地区多以平原、高原为主，地形平坦开阔，气候相对干旱，降水量较少，河流和湖泊较少，且流量小，有结冰期。

成语中的计量学

传统文化中的科学

文章多，谓之"八斗之才"。谢灵运尝曰："天下才有一石，曹子建独占八斗，我得一斗，天下共分一斗。"

【才高八斗】

该成语出自《释常谈》中谢灵运对曹植的评价，这里的石是古代的一种容量单位，一石等于十斗。谢灵运的意思是，天下的文学才华总共只有一石，而曹植就独占了八斗，这是对曹植文学才华的极高评价。这个成语常常用来形容一个人才华出众，远超常人。

一斗才华几多重

在古代中国，斗是一个富有多重含义的字，既是一种量器，也是一种酒器，甚至还是星宿的名称。在古代的计量制度中，斗是一个重要的容量单位，常用于衡量粮食、谷物等物质的数量。据史书记载，一斗的容量大致相当于现在的十升，这样的容量在古代是非常可观的。将如此大的容量与才华相联系，足以体现对一个人才华的极高评价。

那么，为什么古人会选择用斗这个容量单位来形容一个人的才华呢？这背后其实蕴含了深厚的文化内涵。在古代社会，粮食是生存的基础，拥有更多的粮食就意味着拥有更强的生存能力和更高的社会地位。同样地，拥有更高的才华也意味着一个人在社会中拥有更强的竞争力和更高的地位。因此，用斗这个容量单位来形容一个人的才华，既形象又生动。

战国秦商鞅方升

传统文化中的科学

通过了解才高八斗这个成语，我们不仅能更深入地理解斗这个字的用法和意义，还能感受到中华文化的博大精深。当然，我们也应该明白，一个人的才华并不仅仅体现在学术成就或技能水平上，更体现在他的品德修养、创新能力和社会责任感等方面。因此，我们应该努力提升自己的综合素质，成为一个既有才华又有品德，具备强烈的社会责任感的人。

传统文化中的科学

楚有养由基者，善射，去柳叶者百步而射之，百发百中。左右皆曰"善"。有一人过曰："善射，可教射也矣？"养由基曰："人皆曰善，子乃曰可教射，子何不代我射之也？"客曰："我不能教子支左屈右。夫射柳叶者，百发百中，而不已善息，少焉气衰力倦，弓拨矢钩，一发不中，前功尽矣。"

【百步穿杨】

该成语出自《战国策·西周策》，描述了楚国有一位名叫养由基的射手，他射箭技艺高超，能够在百步之外射中杨柳的叶子，而且百发百中。后人根据这个故事，概括出百步穿杨这个成语，用来形容射箭技艺非常高超，能够在很远的距离准确命中目标。同时，这个成语也用来形容人的本领非常高强，能够在某个领域达到很高的水平，是对才能的高度赞扬。

百步穿杨形象地描绘了射箭技艺的高超，但当我们听到百步这个距离时，可能会好奇：在古代，百步真的算远吗？下面，就让我们一起走进这个成语背后的世界。

百步真的算远吗

　　我们首先需要明确"步"在现代语境下的定义。通常我们所说的步仅指迈开腿的一次动作，而大多数中国人的平均步长为 70 至 80 厘米，那么百步实际上对应的距离大约在 80 米。

　　然而，即使是这样的距离，在现代看来也并非遥不可及。举例来说，前民主德国的乌威·霍恩在 1984 年创造了至今无人能及的标枪世界纪录，成绩高达 104.80 米。要知道，标枪的重量远超过弓箭，投掷时的动作难度也更大。所以，可以发现，80 米的距离对于专业运动员来说，并非难以企及。

　　回到古代，步作为长度单位，历代不一，据《续文献通考》记载，周以八尺为步，秦以六尺为步。通常认为一步约为现代的 1.5 米，因此我们可以计算出百步的距离约为 150 米。试想，在 150 米

传统文化中的科学

的距离射中一片柳叶，需要极高的精准度和稳定性。这不仅要求射手有出色的视力，还要对风向、风力、重力等因素有准确的判断。这个距离在现代看来可能并不算远，但在古代，尤其是在冷兵器时代，这样的距离已经足够让一名射手展现其高超的技艺了。

在古代，射箭是一项重要的军事技能，能够在如此远的距离射中目标，无疑是对射手技艺的最好展现，同时也需要射手长时间刻苦训练和积累。百步穿杨不仅是一个成语，更是中华文化中一种精神的象征。它代表着对技艺的极致追求和对完美的不断向往。对于现代人来说，无论在学习还是工作中，我们都应该不断追求卓越，努力提升自己的能力和水平。

标枪投掷图解

传统文化中的科学

传统文化中的科学

却问："来时无物去时空，二路俱迷，如何得不迷去？"

师曰："秤头半斤，秤尾八两。"

【半斤八两】

该成语出自宋僧普济《五灯会元》中的一段对话，意思是从秤的一端看半斤，从另一端看则是八两，两者实际上是相等的。

当我们听到半斤八两这个成语时，可能会觉得它有些奇怪，甚至有些让人摸不着头脑。这个成语似乎在说两个东西重量相等，但半斤真的是八两吗？还是五两呢？今天，我们就来一起揭开这个成语背后的秘密。

半斤是八两还是五两

　　首先，我们要明白斤和两这两个单位的不同。在古代，人们使用斤和两作为重量的计量单位，其中斤是一个较大的单位，而两则是一个较小的单位。具体来说，一斤等于十六两。这两个计量单位在中国沿用了两千多年，直至 20 世纪中期。

　　现在，我们来看看半斤八两这个成语。如果我们按照古代的计量制度来计算，就会发现一个显而易见的事实：半斤就是八两。那么，为什么我们会觉得它有些奇怪呢？那是因为现代生活中斤与两之间的等价关系改变了，一斤是五百克，一两是五十克，一斤等于十两。

秦铜权

传统文化中的科学

所以说，有半斤等于五两的想法并不是错误的。恰恰相反，在当今社会，这是一个正确的等价式。可古人错了吗？也没有，半斤八两在古代也是一个正确的等价式。时代不同，答案不同。

　　半斤八两这个成语虽然来源于古代的计量制度，但它体现了中国文化中追求平衡和相等的价值观，它所蕴含的思想和文化内涵是永恒的。

战国楚天秤和环权

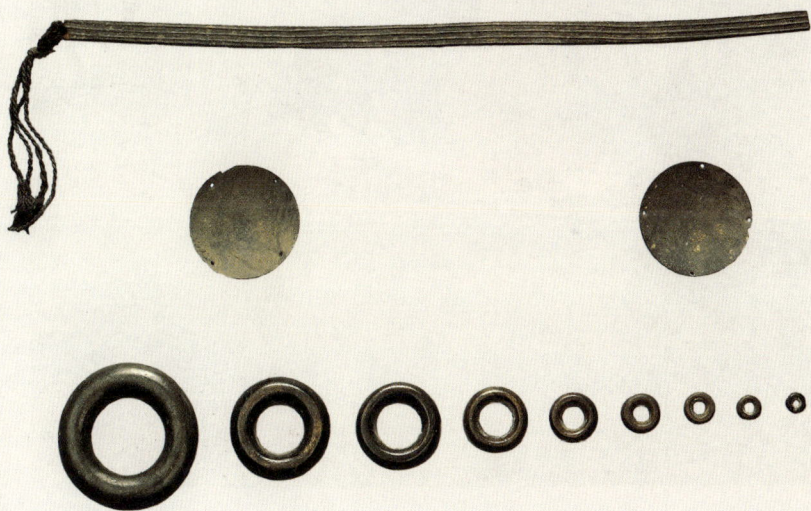

传统文化中的科学

吴黄龙年中,吴都海盐有陆东美,妻朱氏,亦有容止。夫妻相重,寸步不相离,时人号为"比肩人"。夫妇云:"皆比翼,恐不能佳也。"后妻卒,东美不食求死。家人哀之,乃合葬。未一岁,冢上生梓树,同根二身,相抱而合成一树。每有双鸿,常宿于上。孙权闻之嗟叹,封其里曰"比肩",墓又曰"双梓"。后子弘与妻张氏,虽无异,亦相爱慕,吴人又呼为"小比肩"。

【寸步不离】

该成语出自南朝梁任昉《述异记》。相传吴国黄龙年间,都城海盐有个人叫陆东美,他和妻子两人互相恩爱敬重、寸步不离,被当时人称为"比肩人"。后来妻子死去,陆东美绝食而死。家人把他们合葬在一起,不到一年,坟墓上长出一棵梓树,同根双干,相互拥抱合成一棵树,经常有一对鸿雁栖身于树上。陆东美的儿子陆弘和他的妻子张氏,也一样相亲相爱,吴地人又称他们为"小比肩"。

寸步指极短的距离。寸步不离原指夫妻和睦,一步也不离开,现在被用来泛指两人关系好,形影不离;有时也可以形容对人的关心、关爱达到无微不至的程度。那么在古代,一寸到底有多长呢?

一寸到底有多长

　　寸是我国古代长度计量单位，在古代度制中 1 尺通常等于 10 寸。《述异记》的作者生活在南朝，南朝的 1 尺为 24.2~25.1 厘米，现收藏于中国国家博物馆的南朝铜尺长度即为 25 厘米，那么南朝的 1 寸约为现在的 2.5 厘米。与此同时的北朝，1 尺则将近 31 厘米。

　　历朝历代对尺的长度定义各不相同，所对应寸的长度也各不相同，例如：

商 1 寸 = 1.58 厘米

秦 1 寸 = 2.31 厘米

隋 1 寸 = 2.95 厘米

唐 1 寸 = 3.03 厘米

宋 1 寸 = 3.14 厘米

北魏青铜尺

传统文化中的科学

　　到了明清时期，常用尺分为裁衣尺、量地尺、营造尺3种，具体长度有所差异，但都是裁衣尺＞量地尺＞营造尺。在清朝，1寸分别等于3.55厘米、3.45厘米、3.2厘米。

　　领导者在治理国家时，将统一度量衡视为一项至关重要的举措，其深远意义不仅在于强化中央政权的统驭能力，确保政令畅通无阻，更在于为经济发展铺设坚实的基石，促进商贸活动的繁荣与资源的优化配置。此外，这一举措还极大地推动了科技进步的步伐，使得各种技术交流与发明创造得以在统一的度量标准下顺利进行，加速了社会文明的进程。古人深知，长度的定义必须紧随时代变迁而不断演进，以满足社会发展的多元化需求，这深刻彰显了古代计量制度的卓越智慧，体现了勇于革新，追求精准与效率的卓越精神。

传统文化中的科学

（净做酒醒慌上，云：）吃的醉了，一觉睡着，醒来不见了大姐。可往那里去了？只怕落在江中。怎么箱笼开着？一定是走了。地方，拿人！拿人！（杂当扮地方上，云：）这船上是甚么人？半夜三更，大呼小叫的！（净云：）是小子新娶的个小娘子，不知逃走那里去了。一定有个地头鬼拐着他去，你们与我拿一拿。（地方云：）哇，胡说！这明月满江，又静悄悄无一只船来往，只是你这船在此，走往那里去？想是你致死了，故意找寻，我拿你到州衙里见官去来。（地方锁净科。）（净诗云：）我刘一郎何曾搞鬼？小老婆多应失水。（地方诗云：）这里面定有欺心，送官去敲折大腿。

【半夜三更】

该成语出自元马致远《青衫泪》第三折，意思是夜里很晚的时候，具体指半夜十一时至翌晨一时。此外，《乐府诗集·清商曲辞二·子夜变歌三首》有"三更开门去，始知子夜变"，唐崔颢《七夕》有"班姬此夕愁无限，河汉三更看斗牛"。

三更究竟是几点钟

　　古代中国劳动人民将一昼夜划分成十二个部分,每个部分视作一个时段,每一个时段叫一个时辰。十二时辰是他们根据一日间太阳升落的自然现象、天色的变化情况,再结合自己日常的生产活动、生活习惯而归纳总结,最终沿用后世的。

　　十二时辰制在西周时就已使用,汉朝时命名为夜半、鸡鸣、平旦、日出、食时、隅中、日中、日昳、晡时、日入、黄昏、人定。

　　在这个成语中,更作为量词,是夜间计时的单位,一夜分为五更,每更约两小时。古代夜间的计时制如下:

元铜壶滴漏

传统文化中的科学

戌时	黄昏	一更	一鼓	甲夜	19—21时
亥时	人定	二更	二鼓	乙夜	21—23时
子时	夜半	三更	三鼓	丙夜	23—1时
丑时	鸡鸣	四更	四鼓	丁夜	1—3时
寅时	平旦	五更	五鼓	戊夜	3—5时

　　将一天的时间进行划分之后，古代劳动人民就可以日出而作，日落而息，将每日的生产生活有规律、有计划地进行下去。

古今时刻对照

探新境，拓智慧

差之毫厘，谬以千里

该成语出自《礼记·经解》："《易》曰：'君子慎始，差若豪氂（毫厘），缪以千里。'"这个成语常用来比喻开始时的小差错或小差异，最终可能导致巨大的失误或后果。它强调了做事要谨慎，注意细节，避免因小失大。

计量学知识：毫厘是我国古代对长度单位的精细划分。其中，毫和厘都是极小的长度单位。《隋书·律历志》引《孙子算术》云："蚕所生吐丝为忽，十忽为秒，十秒为毫，十毫为厘，十厘为分。"这表明，在古代度量衡体系中，毫和厘分别表示的是秒的十倍和百倍。

分秒必争

该成语出自《晋书·陶侃传》："常语人曰：'大禹圣者，乃惜寸阴，至于众人，当惜分阴……'"其意思是大禹作为圣人都要珍惜一寸光阴，我们作为普通人，更要珍惜时间。这个成语强调了时间观念、竞争意识和忧患意识。

计量学知识：分、秒都是现代用于计量时间的基础单位，1分钟等于60秒，也体现了古巴比伦的60进制。"分秒"还见于《新五代史·司天考》："以气策累加之，秒盈通法从分，分盈统法从日，日盈周纪去之，即各得次气日辰及分秒也。"

4

艺术中的科学

画里乾坤：探秘石窟壁画

石窟壁画：千年历史的流光溢彩

在中国甘肃的广袤土地上，在沙漠低语的古老传说中，敦煌莫高窟壮观地矗立着。莫高窟，俗称千佛洞，这些石窟开凿在敦煌市附近的峭壁上，散发着跨越千年历史的光辉。

莫高窟的传说

公元 366 年的一天，阳光普照着鸣沙山的东麓，大泉河西岸的空气中充满了粉尘和锤击的回响。当时一位名叫乐僔的佛教僧侣经过三危山时，"忽见金光，状有千佛"。他认为这是神的指示，受此启发，开凿了第一个洞窟，自此开启了莫高窟这一项宏大的艺术建造。

莫高窟的历史

几个世纪以来，莫高窟成为丝绸之路上的精神和文化中心，它反映了历朝历代的宗教虔诚和艺术辉煌。从前秦、北魏、隋朝，到繁荣的唐朝、动荡的五代，再到广阔的元朝，石窟在规模和艺术表现上都有所发展。

早期的洞窟在前秦时期便已开始开凿，初期的造像风格显得简朴而稀疏。然而，随着权力中心在北朝时期向北转移，沉迷于佛教的皇帝和权贵们赞助修建了更为精美的石窟。这个时代带来了艺术的融合，佛陀的宁静与生活场景的活力同时表现在建筑中，反映出那个时代的文艺生活特征。

传统文化中的科学

　　莫高窟的辉煌巅峰出现在唐朝，那时艺术和文化在权贵的赞助下蓬勃发展。来自丝绸之路沿线各地的艺术家会聚于此，带来了多元的色彩与背景。莫高窟洞窟数量增加到一千多个，每一个都装饰着生动的壁画和复杂的雕塑，它们在向我们讲述着佛教故事、神话传说和历史事件。

　　唐朝时期，尽管遭受安史之乱（安史之乱是发生在唐朝的一场重大内乱，持续时间从公元 755 年至 763 年，由两位高级将领安禄山和史思明引发，唐朝因此由盛转衰）的干扰，莫高窟的建造仍然持续，并在西夏和元朝达到新的高度。然而，随着丝绸之路的衰落，曾经兴盛的莫高窟逐渐被遗忘，直到几个世纪后才被重新发现。

莫高窟的现今

今天，莫高窟作为古代中国精神和艺术努力的见证，展示着历史上热烈的佛教信仰和几个世纪文化交流的丰富画卷。每一个洞窟、每一个雕塑、每一幅画都蕴含着一段故事。

莫高窟凭借其历史深度和艺术壮丽，跨越中华千年历史，在美丽与传承之间搭建桥梁。然而，自然磨损和人为损坏对这些珍贵的文物构成了严重威胁。面对这些挑战，文物保护工作者已经行动起来去保护和修复这个世界遗产。

莫高窟的故事不仅仅是关于石头和颜料，更是关于人类不懈追求意义和美丽的叙述。它是一个持续演变的故事，如同洞窟本身一样持久和深刻。

敦煌千佛洞

传统文化中的科学

颜料之谜：探秘壁画的化学之美

在学校组织的莫高窟游学活动中，化学老师张老师和她的学生们展开了一场特别的游学之旅。张老师一直对这些古老而神秘的敦煌壁画充满了浓厚的兴趣，她决定利用这次机会，带领学生们深入了解这些壁画背后隐藏的化学奥秘。

站在那些色彩斑斓的壁画前，张老师和她的学生们没有一人不为之触动。张老师指着一幅描绘菩萨的壁画说："你们知道吗？这些壁画的颜料，不仅仅是简单的颜色，它们背后更有着复杂的化学原理。"

学生们好奇地聚集起来，张老师继续讲解："这些壁画之所以能够历经千年而色彩依旧鲜亮，是因为古代工匠们使用了特别的矿物质颜料。比如这里的蓝色，主要来自一种叫作青金石的矿石。"

一位学生问道："青金石是什么？"

张老师笑着解释："青金石是一种含有硫化物的宝石级矿石，化学式可以表示为 $(Na, Ca)_8 (AlSiO_4)_6 (SO_4, Cl, S)_2$，这个化学式看起来很复杂，是因为矿物在形成中会裹挟着大量的其他物质。这种矿石在磨成粉末后，再经过一系列处理便可以形成我们看到的这种美丽的蓝色。"

另一位学生好奇地看着其他颜色的壁画问："那这些红色和黄色呢？"

张老师点了点头："很好的问题！红色通常来自铁氧化物，主要是赤铁矿，主要成分为 Fe_2O_3，是一种常见的自然发生的铁氧化物。黄色则大多来源于黄铁矿，主要成分为 FeS_2，也是一种非常常见的硫化矿。"

回到学校后，张老师带领学生们做了一个简单的实验。她让学

传统文化中的科学

生们分组，使用这些自然矿物制作自己的颜料，并尝试在纸上复现敦煌壁画的一部分。

在实验进行的同时，张老师继续讲解道："除了颜料的化学成分，古代工匠们还必须了解如何将这些矿物质固定在壁画上，这涉及一个叫作胶结的化学过程。他们通常会使用动物胶作为黏合剂。动物胶是一种自然来源的胶体，主要从动物的皮肤、骨骼和结缔组织中提取。这种胶质主要由蛋白质构成，在历史上被广泛用于制造胶水。"

"随着现代科技的发展，动物胶在某些领域已经被合成或植物性替代品所取代，但它在某些传统工艺和特定应用中仍保留着其重要地位。"张老师补充道。

通过这次活动，大家不仅对化学科学有了更深的认识，也对文化遗产的保护与传承有了更深的理解和尊重。科学和艺术，两者之间的界限其实并不明显，两者相互融合，才更显出人类文明的璀璨光芒。

浑然天成：巧夺天工的建筑奇观

　　敦煌石窟的建设跨越了千年的时光，向我们展示了从简朴到精致的演变过程，每一处细节都反映了其建筑的精妙和对自然环境的深刻理解。敦煌石窟作为古代文明交流的见证者，不仅是佛教艺术的展示，更是古代建筑技术与设计智慧的集大成者。

敦煌石窟的壁画基底制作

　　地仗是用于绘制壁画的基底，整个洞窟内外都必须做这种工艺的处理，地仗的处理好坏将决定壁画的艺术质量和寿命。制作过程主要分为以下三步。首先是基底准备，工匠会先将由砾岩壁面组成的墙面修整平滑，并留下开凿的痕迹，以增强泥层与岩体的结合力。砾岩是一种由粗大碎石颗粒（直径大于 2 毫米）组成的沉积岩，这些碎石颗粒被称为砾，它们可以包括多种岩石类型，如日常生活中常见的花岗岩与石灰石等。

敦煌壁画制作的工艺流程

| 砾岩崖壁 | 麦草泥层 | 谷糠泥层 | 麻泥层 | 白灰皮 | 壁画层 |

接着就是准备地仗材料，这分为泥皮地仗与白灰皮地仗。

泥皮地仗有粗泥层（加麦草、麦糠）、细泥层（加细砂及麻刀）至少两道工序；所用泥土就地取材于窟前河床中淤积、干涸后板结的细土——澄板土。澄板土在现在常被用于工业和环保领域来澄清或净化液体，特别是在水处理和食品加工行业中应用广泛。

白灰皮地仗通常由生石灰〔也就是氧化钙（CaO）〕加麻刀合成，也可采取细泥、石灰浆、细砂石混合麻刀合成。白灰皮地仗因为添加了生石灰，所以颜色是白色的。

麦草：也就是麦秸，是指小麦、大麦等谷物收割后剩余的茎和秸秆部分。在农业和园艺中，麦草通常被用作覆盖材料、动物饲料，以及制作堆肥的原料。

麦草

麦糠：麦子的种皮，也就是麦子脱皮后得到的皮壳。

麻刀：简单地说，就是一种细麻丝、碎麻，古时建造土房子时掺到泥浆里，以提高墙体韧度、连接性能。

古今建筑工艺的区别

地仗，这个古老的壁画基底制作技术与现代建筑工艺有着很多相似之处，也存在许多显著差异。在相似性方面，双方都强调使用当地可以获得的材料而非舍近求远去取材，具有一定的经济属性。并且，二者都使用可持续性的材料，如地仗中的澄板土和砾岩，以及现代建筑中的石材或可回收材料。此外，两种技术都添加了特定的增强材料以提高韧性和结构强度，如地仗中的麦草和麻刀，现代混凝土中的钢筋或纤维。

然而，这两种技术在许多方面也大相径庭。现代建筑技术使用了大量机械化设备和先进科技，如自动化混凝土浇筑和计算机辅助设计（CAD，Computer-Aided Design），大幅提升了建造的速度和精

确度。相比之下，地仗技术完全依赖手工制作，步骤烦琐且完全依靠人力。此外，地仗主要为了艺术展示，特别是壁画的呈现和保存，而现代建筑工艺则包括了结构安全、环境适应性和功能多样性等广泛目的。建筑技术从古至今不断演变，体现了不同时代的人们对建筑美学与功能性需求的不同追求。

色彩斑斓：敦煌石窟的设计智慧

西汉末年，佛教传入中国。随着佛教的传入和兴盛，敦煌这片沙漠绿洲成为文化与宗教的交汇点。敦煌石窟中，最为人称道的便是那些色彩斑斓的石窟设计，它们不仅是宗教信仰的体现，更是中华文化宝库中的瑰宝。

敦煌石窟的建造者

自公元 366 年乐僔和尚开凿莫高窟第一窟起，敦煌逐渐成为佛教艺术的重要中心。随着朝代更迭和文化繁荣的波动，无数不知名的工匠和画师，在这片神圣的土地上用智慧和双手，创造了世界闻名的敦煌石窟。这些石窟不仅是宗教信仰的体现，更是匠人艺术技能的集大成。

莫高窟第 268 窟

石窟的建造过程包括整修崖面、凿窟、绘制壁画塑像、修造殿堂等多个步骤，展示了复杂的职业分工，涵盖了石匠、泥匠、木匠、塑匠和画匠等。这些匠人根据不同的技术专长分工合作，共同完成了这项宏大的文化工程。他们的来历多样，有的随佛教从西域来到敦煌，有的因统治者的移民政策而来（中国古代的移民政策是各个朝代统治者用以调控人口分布、开发边疆、增强国防以及稳定社会的一系列措施）。这些能工巧匠的贡献，使敦煌石窟成为不朽的文化艺术宝库。

艺术与宗教结合的敦煌石窟

敦煌石窟的设计深受佛教文化的影响，其布局和结构旨在为佛教徒们的修行提供一个理想的空间。石窟通常被设计为一系列的洞穴，每个洞穴内部都有佛像和壁画，这些洞穴沿着悬崖垂直排列，充分利用了自然地形的优势。

如"北凉三窟"之一的莫高窟第268窟，主室为纵长方形平顶，附有四个小禅室，旁边的小禅室提供了僧侣们修行与冥想的隐秘空间。窟顶由多个方井组成，内有飞天、莲花等图案，形成装饰性极强的平棋设计。平棋俗称天花板，以掩盖屋顶内空间的结构部分，使室内各个界面（墙面、地面和顶面）整齐划一，整体感好。正面墙壁上开设有一个龛，龛中塑造佛像。龛是一种壁凹，常用于放置雕塑和其他艺术品，以突出展示。这种设计在佛教寺庙中非常常见，用于安置佛像，为佛教信徒们提供朝拜的对象。

色彩守护者：壁画颜色的现代保卫战

在敦煌这样一个被时间风化的古城里，距今已有千年历史的壁画面临着一场无声的危机。文物保护专家们从事着一项至关重要的任务：拯救这些无价的历史见证。

对抗草酸钙

汪万福等文物工作者专注于古代壁画和石窟遗址的保护，他们的工作和生活都与敦煌壁画息息相关。他们深知每一幅壁画不仅仅是艺术作品，更是历史的载体。他们的使命是研发和实施一套全面的壁画保护措施，以对抗壁画表面微生物的病害。这些微生物，如霉菌和细菌，因高湿度和不当的环境管理而在壁画上繁殖，导致壁画颜色变化和物理结构破坏。

在一次敦煌壁画采样的实验中，他们发现了草酸钙（化学式为CaC_2O_4）。草酸钙是一种在自然界广泛存在的化合物，特别是在许多植物体内，如菠菜、甜菜等富含草酸的植物中尤为常见。在一些特定的环境条件下，微生物也可以促进草酸钙的形成。例如，某些细菌通过其生命活动产生草酸，与环境中的钙离子结合形成草酸钙沉淀。结合一系列科学知识，他们推断出草酸钙在壁画的色彩变化中起作用，并进一步推断是微生物加速了这一过程。

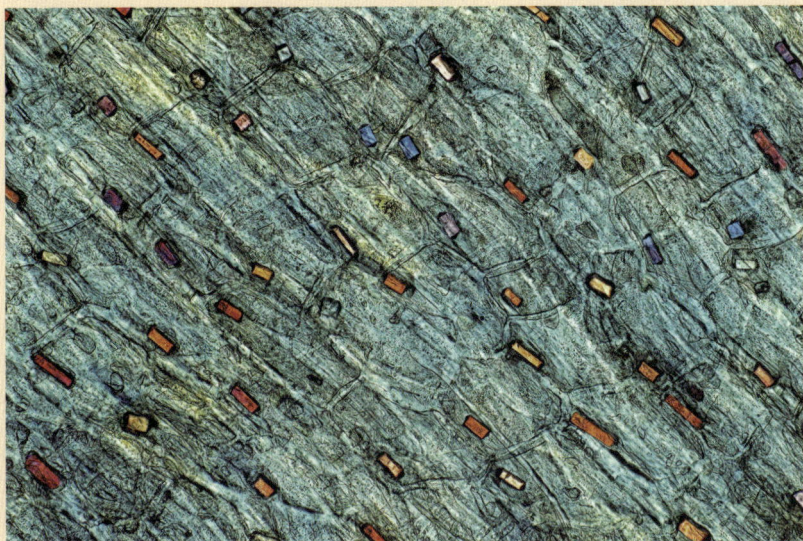

数字化保护和三维重建

　　在宏大的科技保护工程中，截至 2022 年年底，敦煌研究院已经完成了 289 个洞窟的数字化摄影采集工作，这些高精度的数字记录不仅为研究提供了便利，还极大地降低了日常管理和维护对壁画本身的干扰。此外，140 个洞窟和 7 处大遗址已完成三维重建，这些精确的三维模型使得研究者能够在不接触原始遗址的情况下，进行详细的分析和研究。现在，我们不必亲身前往敦煌，在网络上就可以直接欣赏这跨越千年的艺术。

高科技监测系统

在敦煌研究院敦煌石窟监测中心，一个先进的预防性保护监测预警体系已经建立。该系统依赖 600 多个不同类型的传感器，这些传感器遍布敦煌石窟区域，能够实时监控包括温度、湿度、二氧化碳浓度、客流量在内的各项关键数据。系统不仅监控洞窟的内部环境，还能实时更新几百公里范围内的降雨、洪水和风沙情况。这些数据集中显示在大屏幕上，为研究人员提供了实时数据分析，可以及时预警潜在风险，从而有效地对敦煌石窟进行预防性保护。

这些保护工作不仅让敦煌壁画得到了有效的保存和传承，也成为全球文物保护领域的典范。通过这种科学与技术结合的方法，保护团队成功地延续了人类文明的见证，展示了科学保护文化遗产的强大力量。

传统文化中的科学

探新境，拓智慧

敦煌飞天

　　敦煌飞天是敦煌壁画中的一种独特的艺术形象，广泛出现在莫高窟等石窟中，具有强烈的宗教象征意义和美学价值。飞天，即飞翔的天神，源自佛教中的天部众神，是佛教宇宙观中的一员，通常表现为乐神或护法神，承担着赞颂佛德和护持法界的角色。

　　敦煌飞天的服装通常轻盈飘逸，以表现其在空中飞翔的灵动和自由。服装多为薄纱、丝绸等材料，装饰以金线和珠宝，彰显其天界的身份。飞天的姿态多变且优美，常以舞蹈的形式出现，动作流畅且充满节奏感。

　　飞天的体态轻盈，通常以青春美丽的形象呈现，无论男女都具有较为柔和的面容特征和身体线条。他们的表情安详、欢喜，面带微笑，体现了佛教中的慈悲

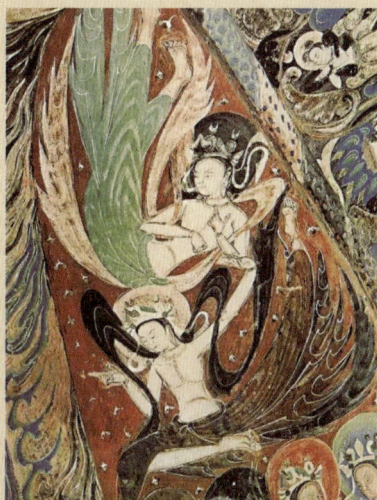

与智慧。

飞天不仅是敦煌艺术的重要组成部分，也是佛教文化传播和丝绸之路交流的象征。在敦煌的壁画中，飞天是连接人间与天界的桥梁。通过对飞天的描绘，敦煌石窟不仅展示了当时的宗教信仰，还把丝绸之路上的不同艺术风格和技术巧妙地融合在一起。

鹿王本生

莫高窟第 257 窟建于北魏时期，其壁画描绘了一系列动人心弦的故事，而其中最引人瞩目的便是"鹿王本生"故事。

西壁上的"鹿王本生"壁画讲述了这样一个故事：一名溺水的男子被一只美丽的九色鹿救上岸，男子向九色鹿立下誓言，绝

不泄露他被救的秘密。然而，当王后梦见这只奇特的鹿，渴望得到它的皮做衣服时，男子在金钱和权势的诱惑下背弃了誓言，向国王告密。九色鹿在被国王围捕时，毫无畏惧地揭露了男子的背信行为。国王被鹿的高贵行为感动，下令释放了它，并宣布全国保护这种美丽的生物。男子最终因违背誓言遭受了严重的身体和精神的惩罚。

这个故事反映了古代社会的伦理观念和信仰，并且整幅画面的横卷式布局增强了故事的连贯性和视觉冲击力。这使得壁画不仅成为艺术品，也成为历史和文化的宝库。

敦煌藻井

藻井是中国古代的建筑装饰术语。它是建筑顶部用以装饰的构件，通常位于室内上方，形似伞盖，由细密斗拱承托。在汉语中，藻指的是水生植物，特别是指那些外观华丽、生长繁茂的水生植物，它们通常象征着清新、美丽和纯净。在古代文化中，藻类植物也常用来象征美好和繁盛，因此，用"藻"字来形容装饰华丽的物体是非常贴切的。"井"字在这里则是指天花板的一种装饰形式，特别是划分成多个小格子的天花板。这些格子通常是正方形或其他多边形，每个格子都精心装饰，常见的装饰有雕刻、彩绘等。结合起来，藻井即指那些顶部装饰有精美图案、彩绘或

雕饰的天花板。

藻井结构在敦煌略有简化，顶部向上凸起，四周斜坡，形成倒置斗形，展现一种高远深邃的感觉。敦煌藻井常见的装饰图案包括莲花、水涡纹等，这些纹样不仅美观，还寓意着佛教中的圣洁与再生。敦煌藻井以其独特的艺术风格和丰富的文化内涵，成为中国古代建筑装饰艺术的杰出代表。

敦煌文物的伤痛

敦煌文物的被掠夺历史是中国文化遗产史上一段令人痛心的经历。在20世纪初，敦煌莫高窟因为管理不善和外部环境的影响而变得相对无人看管。1900年，一个叫王圆箓的道士在莫高窟第16窟发现了一个密封的洞穴，该洞穴后来被称为藏经洞。这个洞中存放着大量的古代文献、经卷、书籍和艺术品，用多种语言书写，

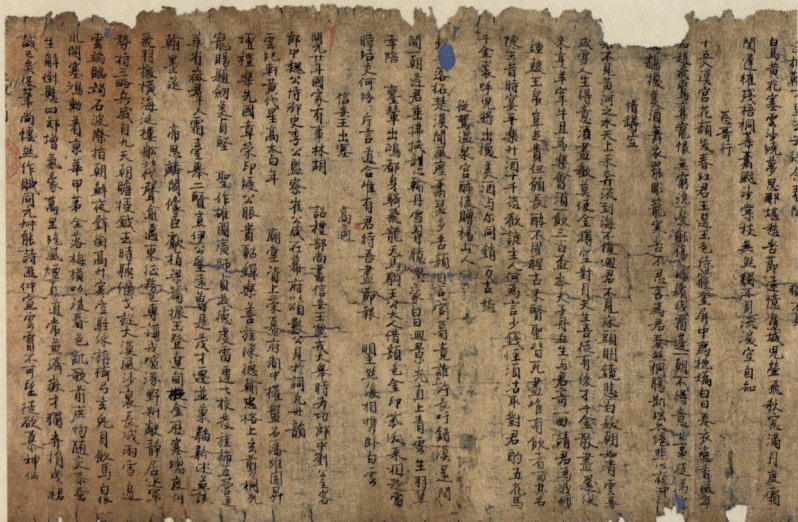

并跨越了从 4 世纪到 11 世纪的历史。

当消息传开后，不同国家的"探险家"和"学者"纷至沓来，而处于内忧外患中的清政府未能对此给予足够关注和有效管控。那些所谓的探险家运走了大量文物，这些文物后来成为世界各地博物馆的藏品，至今还未能归还给中国。

如今，国家已经采取了一系列措施保护和管理敦煌及其他文化遗址，确保遗产的保护和合理利用。今天，敦煌的文化遗产已经得到了更好的保护和全面的科学研究，同时我们也在国际上加强了文物返还的努力与合作。

泥塑神仙：陶瓷制作的神奇魔术

陶泥情缘：泥塑艺术的创意，陶瓷艺术的岁月

瓷器一词意蕴丰富，其英文名称"china"享誉世界。瓷器如玉的釉面、斑斓的色彩和舒展的花纹透露着中华艺术的神韵。中国是瓷器的故乡，瓷器是中华文化的瑰宝。瓷器的历史可以追溯到商周时期，原始瓷器从陶器发展而来，最早见于郑州二里岗遗址。如今社会经济文化迅速发展的大背景下，瓷器文化正在被注入新的内涵。

从陶到瓷的过渡

陶器以陶土为原料，经过人们用手或者工具塑造成一定形状后放入窑中烧制而成。陶器的出现对先民的饮食习惯产生了划时代的影响，作为炊具，陶器可以让人们更方便地食用食物。到了新石器时代晚期，各地的制陶业已经得到了充分的发展，其中仰韶文化的彩陶和龙山文化的黑陶最为著名。先进的制陶技术为后来瓷器的产生奠定了基础。

瓷器是陶器中的佼佼者，到了商代，人们以瓷土为原料，在器物表面施一层石灰釉，经约1200℃的高温烧制，原始瓷器便由此诞生。区别于陶器的是，瓷器的原料是瓷土而并非陶土，表面烧制形成的玻璃质釉，敲击时有清脆的"当当"声。随着制瓷业的发展，到了东汉，成熟的瓷器——青瓷出现了。除青瓷外，同时期还出现了黑瓷。三国两晋南北朝时期，瓷器得到了进一步的发展，白瓷问世，南青北白的制瓷体系差异开始显现。

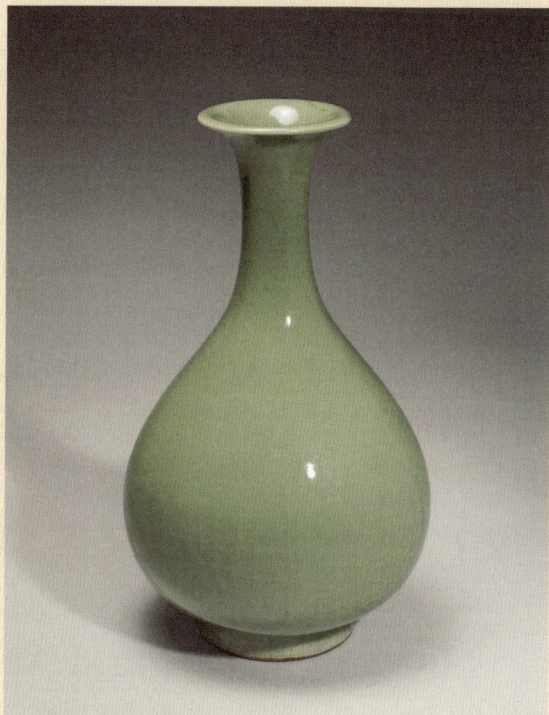

何为瓷器的釉

　　釉指的是覆盖在瓷器表面的玻璃质薄层，分为有色和无色两种类型。用矿物原料（长石、石英、滑石、高岭土等）和草木灰按一定比例混合，经过研磨制成釉浆，施于坯体表面，经高温煅烧，就能在瓷器表面形成一层玻璃质的釉。釉是从陶器过渡到瓷器的必要条件，可以说没有釉就没有瓷器的出现。

青瓷与白瓷成色不同的原因

隋唐以前，青瓷在中国瓷器中占据主流地位。隋唐五代，南青北白的格局逐渐形成，白瓷的地位愈发重要。

青瓷所形成的青中泛有黄绿色，主要是胎釉中含有一定量的氧化铁，在还原焰气氛中焙烧所致。

白瓷因胎土淘洗洁净、杂质少，胎质细腻且白度高，施以透明釉后更显洁白莹润。

彩瓷技法初创——釉下彩与釉上彩

古典大气的主流色——青与白之外，彩瓷的缤纷五彩为陶瓷世界注入了新的内容。彩瓷主要有釉上彩和釉下彩两大类：

釉下彩最早出现在三国时期，是彩瓷的一种装饰手段，用色料在已成型晾干的素坯上绘制各种纹饰，然后罩以白色透明釉或者其他浅色面釉，一次烧成。图案被包裹在釉的下面，表面光滑。其中著名的当属釉下彩羽人纹盘口壶。

到了晋代，人们在釉料中加入含铁的矿土，调配出褐色的釉作为色料。据此发展出的釉上彩，即用各种彩料在已经烧成的瓷器釉面上绘制各种纹饰，然后二次入窑，低温固化彩料。

这些彩色的装饰打破了瓷器青、白的单调色彩，让瓷器显得更加缤纷靓丽。

传统文化中的科学

登峰造极：瓷器文化的兴盛与传承

宋代经济繁荣，制瓷技术不断发展，瓷窑百花齐放，其中以五大名窑——汝、官、哥、钧、定最为出名。此后，元明清三代瓷器的颜色釉辅以素瓷画手的釉上绘画技巧，把瓷器技艺和瓷器文化推向了新的高峰。民国瓷器盛行仿古，兼有独特的创新。

宋代五大名窑

定窑位于河北曲阳，釉质润如玉，色泽温和。定窑大量采用覆烧方法，还使用了一种垫圈式组合匣钵。这种烧制方法的优点是最大限度地利用空位空间，既可节省燃料，又可防止器具变形。装饰技法以印花、刻花和划花为主。

左图 | 北宋定窑白瓷划花牡丹纹花口碗
右图 | 北宋汝窑青瓷水仙盆

传统文化中的科学

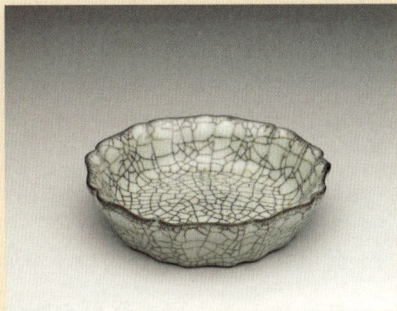

汝窑位于河南汝州，有"汝窑为魁""宋窑之冠"的美誉，釉色天青，表面有蟹爪纹。汝窑采用满身施釉、裹足支烧的工艺，由于汝瓷釉厚，釉中常会出现开片和气泡，气泡破裂杂质进入呈现深色，形成蟹爪纹。

钧窑位于河南禹州，自古就有"黄金有价钧无价"的说法，由于会产生窑变，釉色具有独一无二的特点。"入窑一色，出窑万彩"，成因在于含有铜矿（孔雀石）的釉料经窑变后会形成海棠红、朱砂红、鸡血红等釉色。钧窑颜色差异主要是因为釉料中铜元素含量不同，多则偏红，少则偏蓝。此外，釉中大量气泡及微小颗粒也会使釉面产生像蛋白石那样的光泽，或在不同光线下出现不同的乳浊感。

哥窑瓷器有"金丝铁线"一般的开片纹路，但至今未知窑址。"铁线"指的是粗疏的黑色裂纹，"金丝"指的是细密的浅纹。开裂原本是瓷器烧制中的缺陷，哥窑烧制中，人们掌握了开裂的规律，有意识地让它产生开片，从而形成了一种独特的美感。

官窑是宋徽宗因不满于当时现有贡御瓷器的瑕疵，按照自己的设计，亲自指挥创烧的瓷器。"紫口铁足"是其突出特点，成因是釉稀薄的边沿会露出胎体的紫黑色。

元明清彩瓷技艺

元明清彩瓷同样分为釉下彩和釉上彩，其中釉下彩包括青花、釉里红和釉下五彩这三个最主要的品种。

青花瓷是元明清瓷器艺术的传奇，以含氧化钴的钴矿为原料，在陶瓷坯体上描绘纹饰，再罩上一层透明釉，经高温还原焰一次烧成。钴料烧成后呈蓝色。

釉里红属于釉下彩，堪称瓷器中的贵族，烧制难，数量少，是将含有金属铜元素为呈色剂的彩料按所需图案纹样绘在瓷器胎坯的表面，再罩以一层无色透明釉，然后入窑在 1300℃ 左右的高温还原焰气氛中一次烧成，对还原反应的条件要求极高。温度高低之间允

左图 ｜ 南宋官窑青瓷云纹器盖
右图 ｜ 明洪武釉里红缠枝牡丹纹军持

传统文化中的科学

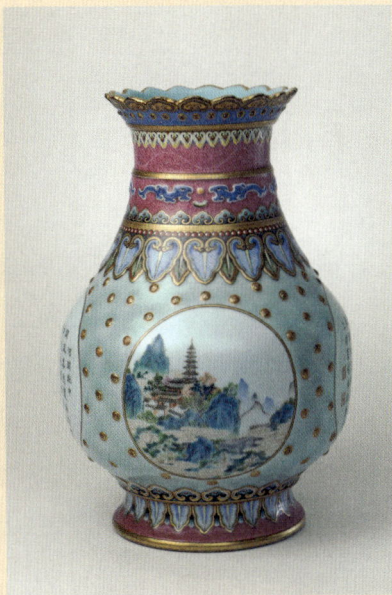

许的差额大概在 10℃。在古代，这一点温差是非常难控制的，只有拥有丰富经验的窑工才能看出来。

　　釉下五彩被誉为彩瓷技艺中的巅峰之作，要经过两次或者三次烧制。釉下五彩的瓷化程度和玻璃化程度都很高，颜色艳丽，材质牢固。

　　釉上彩是在烧好的素瓷上彩绘，再放入低温中固化彩料而成。其彩料和一般瓷器所使用的不同，由瓷器彩料和助熔剂配成。明清时釉上彩发展出了多种类型，如墨彩、五彩和珐琅彩。其中最著名的是珐琅彩，彩料以硼酸盐和硅酸盐混合制成，再加上金属氧化色素，进入窑后，彩料本身的颜色就会显现出来。

唐三彩与青花瓷：陶瓷艺术传奇的代表

多彩陶器——唐三彩

　　唐三彩是对隋釉陶的发展，以黄、绿、白三彩为主，而并非只有三种颜色。唐三彩用白色黏土制作，然后入窑烧制两次。第一次素烧，再施加彩釉，二次低温烧成。釉料加入氧化铜类、氧化铁类矿石粉和铁、锰、钴氧化物等，从而在烧制后呈现出多彩颜色。

　　唐三彩是中国古代陶器中一颗璀璨的明珠，其造型多样，包括人物、动物、物品等。唐三彩早在唐初就输出国外，当时许多国家都仿制了三彩器物。由此可见，唐三彩对国外陶瓷技术的发展同样产生了深远影响。

唐三彩马

蓝白梦幻——青花瓷

　　"素胚勾勒出青花笔锋浓转淡，瓶身描绘的牡丹一如你初妆。"青花瓷独特的淡雅朴素使其达到了陶瓷艺术的巅峰，堪称陶瓷艺术的传奇。

　　青花瓷具有鲜明的时代特征。元代青花瓷多产自景德镇，多为大器，重量大，器壁厚。到了明代，青花瓷成为主流瓷器品种。明永乐、宣德时期是青花瓷发展的高峰期，明代青花瓷制作精美，纹样如同水墨画一般。清代青花瓷继承了前代风格，并出现了五彩青花这一品种，乾隆以后因为粉彩瓷的发展略有衰退之势。

　　青花瓷洁白无瑕的胎体，靓丽梦幻的蓝色，不但融入中国的传统美感，而且符合其他国家的审美，因此受到世界各国的欢迎，至今仍深受世人青睐。

火的考验：泥塑陶瓷烧制的科学与艺术

在烈火的拥抱中，泥土化身为绚烂的瓷器，这是一场凝固的奇迹。起初，泥土柔软如初春的微风，艺术家的手轻轻抚摸，塑造出梦幻的形态；然后，在炽热的高温中，它悄然变化，渐行渐远于尘世的烦嚣。

在烧制的过程中，泥土化身为坚韧的骨骼，釉料如流动的色彩，在作品表面流淌，交织出一幅幅绚丽的画卷。岁月在烧制炉中流逝，作品在舞动的火焰中逐渐成型，仿佛生命的诞生，一点一滴展现着无尽的生机与美丽。最终，炉火渐渐熄灭，瓷器经过冷却，呈现出无瑕的光泽和细腻的质感，如同流光溢彩的梦境，永驻于人间。

窑火中泥土的淬炼

什么样的土可以经受住火的考验

　　泥塑陶瓷的制作首先从选材开始，泥土的种类、质地、含水量等因素都会影响到最终作品的质地和表现力。陶瓷釉料的配方也是至关重要的，它们需要在高温下产生化学变化，形成坚硬、光滑的表面。

　　高岭土是制作瓷器时经常使用的一种泥土，化学式为 $Al_2O_3 \cdot 2SiO_2 \cdot 2H_2O$。以高岭土作为制瓷原料，大大促进了陶瓷工艺水平和制品质量的提高，对世界陶瓷工艺的发展起了重大的变革作用，促进了陶瓷的发展。

　　元至清中期为高岭矿开采旺盛时期。如今高岭山虽已不再出产

高岭土

高岭土，但是由于它在陶瓷史中的地位和留存的大量古遗迹，已经成为瓷都景德镇的观光旅游胜地。景德镇自从采用高岭土制作瓷器后，出产的瓷器洁白无瑕，更为精美。1712年法国传教士昂特雷柯莱曾向国外介绍过高岭的瓷土，于是高岭土从此便声名远扬，身价倍增。

传统制坯法的艺术与工艺

捏塑制坯法：古老艺术的生命延续

捏塑制坯法源远流长，是古老艺术的生命延续。陶艺家徒手捏取泥土，将心中的意念化为手中的造型，仅凭着手指的轻触和手掌的包裹，便能将泥土捏塑成各种形态。这一古老的制作方法，自古以来便深受陶艺家的喜爱与推崇。如今，在现代陶艺作品中，捏塑制坯法仍然被广泛运用，因其能够给予陶艺家更多的创作自由，让每一件作品都充满着独特的个性与情感。

土条制坯法：古典精髓的传承

土条制坯法作为古老的制坯法之一，承载着古典精髓的传承。在制作大型器物如水缸等时，土条制坯法显得尤为合适。陶艺家将泥土捏成长条状，再将这些土条一层层地叠加、塑形，逐渐构建出所需的器物形态。这一传统的制作方法在现代陶艺中仍然备受青睐，因为其不仅能够保留古老陶艺的工艺精髓，同时也为陶艺家提供了一种别具特色的创作方式，使作品更加丰富多彩。

传统文化中的科学

辘轳拉坯法：古代陶瓷的主要制作方法

辘轳拉坯法，古称为"均"，是我国古代陶瓷的主要制作方法之一。在这一古老的工艺中，辘轳扮演着重要的角色。陶艺家将坯土放置于辘轳中央，通过巧妙地旋转和推挤，将泥土逐渐拉制成各种形态，如碗、盘、瓶、罐等。这种方法不仅能够制作出形态各异的器物，而且还能够保持器物的均匀厚度和整体稳定性。如今，虽然陶艺技术日新月异，但辘轳拉坯法仍然保留着其独特的魅力和价值，成为陶艺创作中不可或缺的工艺。

火焰对泥土的考验

烧制是整个过程中最关键的环节。在陶瓷的制作过程中，一般首先是低温预烧，这有助于去除作品中的有机物质，防止烧结时产生气泡或裂纹。随后是高温烧结，此时作品将经历数小时甚至数日的高温烧制，以使泥土完全硬化，并使釉料与泥土结合成坚固的表面。

下面是一些在烧制时可能发生的化学反应：

脱水反应：高岭土中通常含有结晶水，在烧制过程中，高温下会发生脱水反应，结晶水会被逐渐释放出来，使得高岭土逐渐变得干燥并且更为稳定。

氧化铝的形成：高岭土中的铝氧化物在高温下会发生氧化反应，从而形成氧化铝。这种氧化铝是陶瓷制作过程中的重要组成部分，它能够提高陶瓷的耐火性和机械强度。

熔融反应：在高温下，高岭土中的氧化铝和其他成分可能会发生熔融反应，形成玻璃相或熔融物质。这些熔融物质有助于填充陶瓷中的孔隙，提高其致密度和耐火性。

氧化还原反应：在高温下，用于上色的一些金属氧化物也可能发生氧化还原反应。如常用于制造棕色、红色和黄色陶瓷的铁氧化物，其能在还原条件下被还原为金属铁，或在氧化条件下被氧化成氧化铁。

这些化学反应共同作用，使得高岭土在高温下逐渐转化为坚硬的陶瓷材料，并被赋予特定的结构和性能。

景德镇瓷器光影

陶瓷新时代：烧制技术的未来展望

在陶瓷工艺中，烧结被视为一种关键技术，它代表着陶瓷原料在高温下致密化的过程和现象。随着温度的升高和时间的延长，固体颗粒开始相互键合，晶粒逐渐增长，气孔和晶界逐渐减少。这一过程伴随着物质的传递，导致总体积收缩，密度增加，最终形成具有特定显微结构的坚硬多晶烧结体。烧结不仅有助于减少成型体中的气孔，增强颗粒之间的结合，还能提升材料的机械强度。在陶瓷新时代的展望中，烧结技术将扮演着更为重要的角色。

数控烧制技术

数控烧制技术，顾名思义，是利用计算机控制系统来管理陶瓷烧窑中的温度、气氛和其他关键参数。它拥有以下优点：

高精度控制：数控烧制技术利用计算机控制系统，可以实现对烧窑温度、时间等参数的高精度控制，确保陶瓷产品的质量稳定。

自动化生产：数控烧制技术可以实现全程自动化生产，减少人为操作的影响，提高生产效率和一致性。

节能环保：数控烧制技术通过优化烧窑操作，可以减少能源消耗和排放，降低生产成本，符合环保要求。

数控陶瓷烧制与传统的人工陶瓷烧制相比，展现了显著的技术进步和生产效率的提升。传统的人工烧制过程往往需要大量的人力和时间，而数控陶瓷烧制则通过自动化和计算机控制技术，实现了

传统文化中的科学

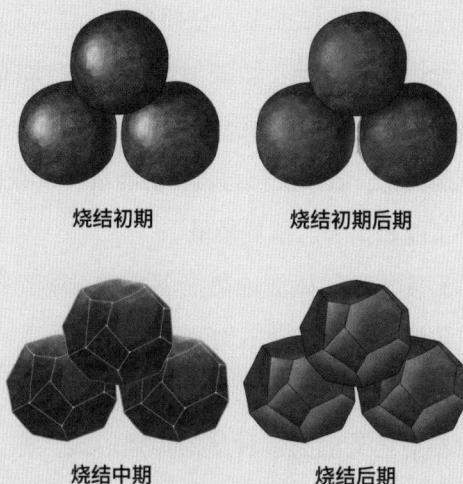

烧结初期   烧结初期后期

烧结中期   烧结后期

生产过程的自动化和精准化。这不仅显著缩短了生产周期，降低了生产成本，还提高了产品的一致性和质量稳定性。此外，数控陶瓷烧制还可以实现更复杂的设计和加工，为陶瓷工艺的发展带来了更广阔的空间。尽管传统的人工烧制在某些方面仍然具有独特的魅力和价值，但数控陶瓷烧制的出现无疑为陶瓷行业带来了革命性的变革，推动着整个行业向着更高效、更精密的方向发展。

微波烧结技术

微波是一种电磁波，其波长介于红外线和无线电波之间，频率通常在 300 兆赫兹（MHz）到 300 吉赫兹（GHz）之间。微波烧结技术利用微波能量作为加热源，通过将微波能量传递给陶瓷材料，使其快速加热并烧结成型。它拥有以下优势：

可以快速烧结：微波加热速度快，能够在较短时间内完成陶瓷烧结过程，提高生产效率。

能耗低：微波加热过程中，能量可以直接传递到陶瓷材料内部，减少了能量损失，能耗较低。

温度均匀：微波加热能够实现对陶瓷材料内部的均匀加热，避免了传统烧结中温度不均匀导致的问题。

不同于我们熟知的热的三种传播方式，微波加热属于传导、对流和辐射之外的另一种热的传播形式，称为介电加热。用微波炉加热一杯冷牛奶的过程，可以生动地说明介电加热的作用，而加热后的牛奶通过热传导、热对流和热辐射实现温度均匀分布。

传统文化中的科学

探新境，拓智慧

瓷都——景德镇

景德镇，江西省地级市，位于江西省东北部，是中国著名的陶瓷之乡。这座城市的陶瓷文化历史悠久，闻名于世的精美瓷器正是源自这里。考古发掘表明，景德镇自五代时期开始生产瓷器，但具体是从什么时候开始，则众说纷纭。有文献认为，景德镇制瓷业可以追溯到战国时期，此时的制瓷业已开始形成。而《江西通志》则称"镇瓷自陈以来名天下"，认为景德镇的制瓷业从南北朝时期的陈朝开始闻名天下。折中的说法普遍认为景德镇的陶瓷业起始于公元1世纪的东汉晚期，至南北朝时期，景德镇的瓷器开始名声在外。

东汉晚期至三国两晋南北朝时期，景德镇的陶瓷制作逐渐完成了从粗糙的"陶"向精致的"瓷"的转变。然而，真正奠定

景德镇瓷器地位的是宋朝的第三位帝王——宋真宗赵恒。他将自己的年号"景德"赐给景德镇，规定在瓷器底部必须写上"景德年制"四个字作为底款。这一举措使景德镇成为中国历史上唯一以皇帝年号命名的瓷器产地。从此，景德镇瓷器与中国的瓷器联系在一起。

宋朝是景德镇陶瓷生产的辉煌时期，这一时期所产的青瓷和白瓷具有较高的艺术品位和历史价值。而元朝时景德镇的制瓷水平更是空前提高，成为当时全国制瓷技艺最高的窑场。明清时期，景德镇的陶瓷生产更加完善，成为宫廷用瓷的重要生产基地。

陶都——宜兴

宜兴，江苏省辖县级市，由无锡市代管。宜兴紫砂壶的历史可以追溯到宋朝，至今已有千年之久。从明朝正德年间开始，宜兴紫砂壶行业名家辈出，紫砂壶风格丰富多样。这里的紫砂壶不仅具有实用价值，更具有审美和文化价值。

紫砂壶采用宜兴特产的紫砂陶土制作，这种土质细腻、坚实，具有良好的透气性和保温性，非常适合制作茶壶。宜兴紫砂壶以其精湛的雕刻工艺而受到世人喜爱，壶身、壶盖、壶把等部位都可以雕刻出各种图案、花纹，展现陶艺师傅的匠心独运。

紫砂壶不仅是一种实用工艺品，更是中国传统文化的重要组成部分。在宜兴，人们多用紫砂壶泡制香茶，在日常生活中感受这种器物的独特魅力。

美玉无瑕：中国玉文化

玉润心灵：玉文化的发展历史

《说文解字》说："玉，石之美……"中国玉文化源远流长，中国玉器作为东方艺术的代表，经过时间的沉淀和发展、无数能工巧匠的精雕细琢，具有独特的内涵与意蕴。在新时代，我们需要把传统玉文化发扬光大。

什么是玉石和玉器

玉石是一种矿物质，在矿石中属于较为珍贵的一种，化学成分主要是含钠、钙、镁、铝以及其他一些微量元素的含水硅酸盐。

玉器是天然玉石加工成的器物，是远古石器的延续和创新。

良渚文化玉琮

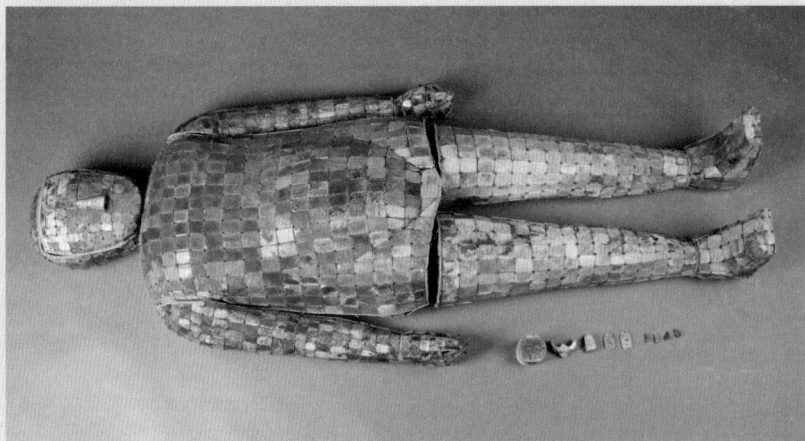

玉器的发展史

中国玉器的起源最早可以追溯到原始社会。玉器是在石器大量生产和使用的基础上发展而来的，可以说石器的发展导致了玉器的出现。在新石器时代，仰韶文化、河姆渡文化等所在地区均出土了玉器。其中位于太湖流域的良渚玉器文化代表了环太湖地区新石器时代文化发展的最高峰，其玉器的数量之多、种类之盛，在我国各地远古玉文化中是无与伦比的。

中古、近古时期，玉文化得到了进一步发展，玉石资源得到了更广泛的利用，加工工艺也在空前发展，玉雕业更是成为一个独立的行业。玉器被人们大量用作礼器、祭器和饰品。玉佩、玉玺被人们视作权力的象征。其中金缕玉衣很好地体现了这一时期对玉器的珍视，当时人们用金线连接玉片作为殓服，认为这样能让尸骨不腐，可求来世再生。

到了近现代，我国的玉器种类和造型进一步发生变化，佩饰玩赏和经济价值功能进一步突出。玉雕业表现出多样性和复杂性，玉器开始逐渐面向世界并顺应国际潮流。

清乾隆"古稀天子之宝"玉玺

传统文化中的科学

玉源天成：玉石的形成原理和主要种类

玉的种类主要有翡翠、软玉、独山玉、绿松石、蛇纹石质玉、石英质玉石、青金石等，其形成是一个较为复杂的过程。本节将对这七种玉石进行介绍。

玉石的形成原理

玉石的主要成分是硅酸盐矿物，富含多种元素。玉石的形成需要经过复杂的地质过程，在岩浆活动、变质作用、沉积作用和构造运动等多个地质作用后最终形成。

玉石的主要种类

翡翠

关于翡翠一词的由来，《说文解字》中解释："翡，赤羽雀也。""翠，青羽雀也。"翡翠代表了翡红和翠绿的颜色。

翡翠是由以硬玉、绿辉石为主的无数矿物微晶纵横交织而形成的致密块状集合体，是一种达到宝石级的硬玉岩或绿辉石岩。其主要化学成分为硅酸盐铝钠——$NaAl(Si_2O_6)$，通常含有 Ca、Cr、Ni、Mn、Mg、Fe 等微量元素。其实翡翠不只红和绿两种颜色，它的颜色非常丰富，有"三十六水""七十二豆""一百零八蓝"之说。

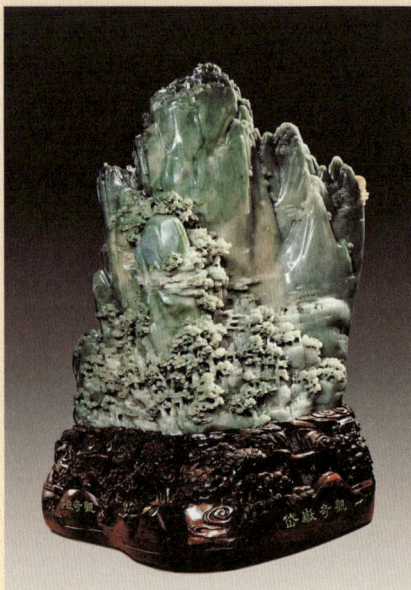

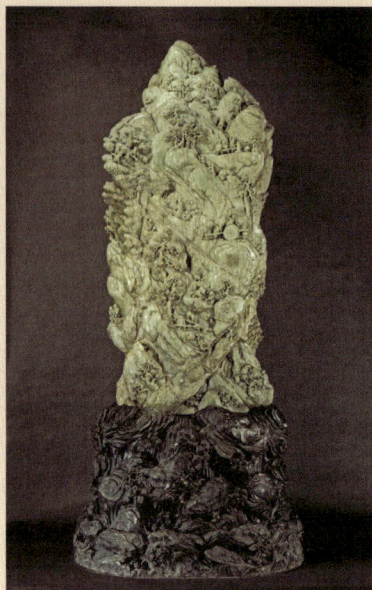

当前，优质翡翠大多来源于缅甸。

岱岳奇观是我国四大国宝翡翠之一，以东岳泰山为题材，贴合杜甫《望岳》"阴阳割昏晓"诗意，其玉料便是翡翠。

软玉（和田玉、闪石玉）

软玉（和田玉、闪石玉），是指闪石类中某些具有宝石价值的硅酸盐矿物，质地细腻且韧性好。其主要化学成分为 $Ca_2(Mg_2Fe)_5[Si_4O_{11}]_2(OH)_2$。分析化学成分可知，铁是软玉的主要致色元素，软玉从白—青白—青—碧—墨的颜色加深是由于其中 FeO 的含量逐渐增高。

传统文化中的科学

我国新疆和田是软玉的主要产地，那里产出的软玉被称为和田玉，2003年和田玉被定为"中国国玉"。

青玉大禹治水图山子是乾隆时期的宫廷玉器，现藏故宫博物院，其玉料便是和田玉。

独山玉（南阳玉）

独山玉（南阳玉），是以硅酸钙铝为主的含有多种矿物元素的蚀变斜长岩，玉质细腻，由于成分中多是有色矿物，因此玉石的色泽斑驳多彩。其主要化学成分为 SiO_2、Al_2O_3 和 CaO。独山玉主要产于我国河南南阳，也被称为南阳玉，有"南阳翡翠"之称。

元代的渎山大玉海是中国现存最早的特大型玉雕，被《国家人文历史》评为镇国玉器之首，其玉料便是独山玉。

元渎山大玉海

绿松石

绿松石又称松石，是一种含水的铜铝酸盐类矿物，因形似松球、色似松绿而得名。其主要化学成分为 $CuAl_6(PO_4)_4(OH)_8 \cdot 5H_2O$。铜离子的存在决定了绿松石的基本颜色，蓝—绿—黄的颜色变化则是由铁离子和含水量影响的。

蛇纹石质玉（岫岩玉）

蛇纹石是层状含水镁硅酸盐矿物，化学分子式为 $Mg_6Si_4O_{10}(OH)_8$。其中 Mg 可被 Mn、Al、Ni 等置换，有时还会有 Cu、Cr 的混入。我国辽宁的岫岩玉有质地坚韧、色泽明亮的特点，其化学成分最接近于蛇纹石。

战国绿松石项链

石英质玉石

石英质玉石是以石英为主要矿物质成分的玉石，主要化学成分是二氧化硅，化学性质相当稳定，耐腐蚀性强，硬度高，光泽好。我们耳熟能详的水晶、紫晶、黄晶、玛瑙等玉石都属于石英质玉石一类。

青金石

青金石是碱性铝硅酸盐矿物，好的青金石颜色深蓝纯正，质地细腻，无杂质。迄今为止，中国尚未发现具有开采价值的大规模青金石矿床，国内使用的青金石主要依赖进口，其中大部分产自阿富汗。

清青金石山子

玉沁奇趣：玉器的沁色和形饰

  玉器在出土前，其本身的质地和颜色会在长时间的物理和化学变化下发生不同程度的变化，这种自然现象被称为沁色。在玉器制作的发展过程中，其形制、纹饰在不同时代具有不同的特点，体现了相应的生产力发展水平和人们的精神文化程度。本节将对玉器的沁色、形制和纹饰进行简要介绍。

玉器的沁色

  沁色是指玉器长期与水、土壤等物质相接触，铁、锰等氧化物缓慢地侵入玉器使其部分或整体的颜色发生变化的自然现象。沁色的程度与环境、时间都有紧密关系，例如，在干燥的西北地区，玉器不易受沁；而在湿润的东南沿海地区，玉器容易受沁。刘大同在《古玉辨》中赞叹道："色沁之妙，直同浮云遮日，舞鹤游天之奇致奇趣……"沁色可以给玉器带来独一无二的美感，因此拥有美好沁色的古玉会成为玉器鉴藏家追求的目标。此外，沁色也是评鉴玉的重要标准。

  常见的沁色有紫红沁、绿沁、黄沁、白沁、青沁、黑沁和花沁七大类。沁色也具有不同特征，传世古玉器经过人们的长期把玩，一般会因为表面有油脂和人体有机物质渗入玉的纹理而具有"包浆"和"牛毛纹"的沁色特征。值得一提的是，自宋代仿古之风盛行，仿造者会根据这些特点对玉器进行作伪，为评鉴玉器增加了不少难度，但仔细审视下还是可以找出仿品的差别。

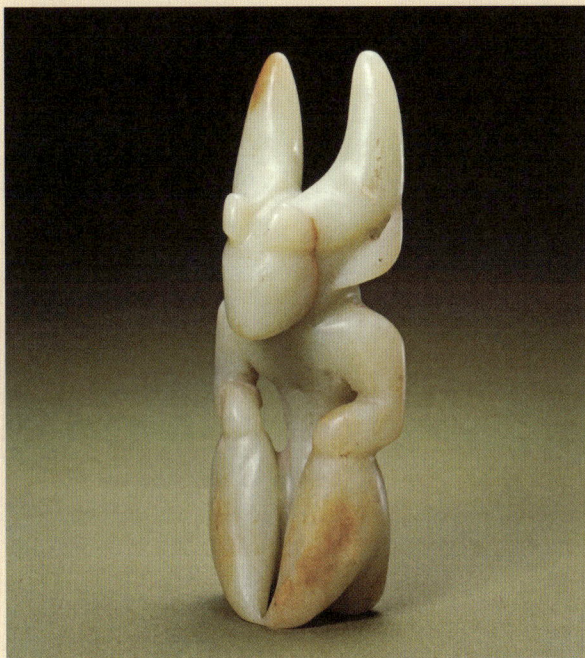

玉器的形制和纹饰

千百年来，玉器逐渐发展出涵盖生活各个方面的器型，纹饰风格在历代有很大区别，这是玉器断代的一个重要标准。例如，在寺墩遗址出土的神人兽面纹玉琮就属于礼乐器。

玉器的形制即玉器的器型，按用途主要分为礼乐器、仪仗器、丧葬玉、配饰玉、生产工具、生活用器、陈设品、杂器八个类型。

良渚文化神人兽面纹玉琮

礼乐器：作为礼制的体现，包括玉璧、玉琮等。

仪仗器：主要指各种兵器，包括玉戈、玉钺等。

丧葬玉：专为保存尸体制成的玉器，包括玉九窍塞、玉衣等。

配饰玉：美化人身的器物，包括玉佩、玉玦、玉镯等。

生产工具：多见于新石器时期和青铜器时期，包括玉斧、玉铲等。

生活用器：到了封建社会逐渐增多，包括玉杯、玉尊等。

陈设品：作为摆设和观赏，包括玉人、玉兽等。

杂器：包括玉璇玑、玉如意等。

玉器的纹饰主要分为几何纹饰、动物纹饰、人物纹饰、植物花卉纹饰四大类。

玉雕芬芳：玉器的雕琢工艺和智慧

"玉不琢，不成器。"任何一块玉只有经过工匠们的奇妙构思和精雕细琢后才能成为一件艺术品。玉器的加工工艺作为中国玉文化的重要组成部分，经过几千年的发展历程，融入了历代工匠的心血，走过了一个又一个阶段。正是高超的雕琢技术加以工匠智慧，才让玉器成为真正意义上的东方艺术。

古代玉器的雕琢工艺

古代玉器的雕琢工具

根据对已出土的古代琢玉器具的研究，古代玉器的雕琢工艺主要分为雕琢形饰和钻孔两大工艺，所用到的工具有锯形器、砣具、解玉砂、钻具、水凳、刻玉刀和锼弓子等。

古代玉器的雕琢工序

琢玉的工序主要有相玉、开料、定器、雕琢、打磨抛光、喝蜡等。

相玉：玉最初是以璞玉的形式存在，因表面被风化失去光泽而像一般的石头。相玉就是识别玉，判断其内在优劣。

开料：开料又叫剖玉，是第一道工序。由于古代工具硬度不足以磨玉，人们会从天然砂矿中淘出硬度高于玉石的部分，称为解玉砂。开料就是用锯形器和解玉砂一起将大块的玉石分解成小块。使用石锯时，除了常规切割方法，在难以一次成型的时候会采用两面

对切的方法；使用线锯时，解玉砂不断从锯上的壶中流出，通常两个人对坐，你推我拉，直到把玉石完全切开。古代开料得到的玉器表面通常并不平整。

定器：定器是根据玉的形状特点设计器物造型，要求是"显瑜掩瑕"，能够反映出玉匠的设计水平。

雕琢：雕琢是根据定器造型进行加工，主要用到砣具（一种圆盘形工具）和水凳。雕琢时双脚来回踩踏水凳的脚踏板，带动绳索驱动主轴，使得固定在轴端的金属砣具带动解玉砂往复研磨玉器。琢刻的过程伴随掏膛、镂空、打孔等工序。

打磨抛光：玉器通过抛光就会显示出柔和的光泽。打磨会利用相比雕琢接触面更大的砣具。抛光有多种方法，可以用油性竹木片、兽皮等。抛光已经超过了使用目的，进入审美范畴。

喝蜡：喝蜡是必不可少的最后一道工序，就是把玉器放入大锅加蜡焖煮，蜡油进入玉器的细小裂缝，可以填补裂缝，使表面手感更加温润。

古代的切割工艺、钻孔工艺在技术上已经成熟，后世的发展只是工具材质的变化。

现代玉器的雕琢工艺

现代玉器的雕琢设备

现代玉器的雕琢设备在基本原理上与古代工具没有太大区别，主要有磨玉机、蛇皮钻（吊机）、开料设备、打孔设备、抛光设

　　　　　　　　　　　　传统文化中的科学

备等。

现代玉器的雕琢工序

现代玉器的雕琢工序，一般分为审料、设计、琢磨、抛光、清洗、过蜡喝油和装潢七个步骤，其中前三道工序是琢玉的主要阶段，后两道工序是玉器的后处理阶段。

玉缘文化：玉文化的深邃魅力

玉器一直伴随着中华民族的历史足迹，并没有因为文明的进步而衰落或被替代。玉器能被不同文化、不同时期的人们喜爱，与玉文化的深邃底蕴和魅力是分不开的。

玉器的价值和功能

玉器的价值和功能主要表现在以下几个方面：

政治价值

玉器刚刚出现时只作为生产工具和装饰品，但随着生产力的发展、阶级的分化，这种稀有美丽的器物慢慢地就变为统治阶级专有。春秋战国时期，玉器的形制和尺寸被用来区分等级；唐代官员用玉带体现身份高低，不同颜色的玉带对应不同的官员级别；历代皇帝以玉为玺，用玉玺作为皇权的象征。

道德价值

玉文化中，人们赋予玉道德内涵，将玉人格化。孔子提出玉有以"温润而泽，仁也"为首的"十一德"，东汉许慎继承和发展了玉德观，在《说文解字》中概括了玉的"仁义智勇洁"五德。君子佩玉，无故玉不去身，玉是君子的化身。汉语中许多表示美好的汉字、成语都与玉相关，例如怀瑾握瑜、金玉良言、玉树临风等。玉的美好道德内涵是玉器长盛不衰的重要原因。

经济价值

玉器的经济价值不言而喻，玉器通常代表着财富。

礼仪宗教价值

玉器在历史上很长一段时间都被用于礼仪和宗教。远古时期人们用玉器祭祀，与神沟通，因而对玉产生了崇拜。

玉器的评价

玉器具有丰富的文物价值，可以参考的评价要素是多方面的。

年代远近：玉器年代越久远，价值越高。

历史地位：玉器在历史上扮演角色越大，价值越高。

是否出土：由于出土玉器具有各种沁色等原因，一般情况下，出土古玉比传世古玉价值高。

工艺、玉料、艺术水平：玉器相应水平越高，价值越高。

完好性：完好无损的玉器价值更高。

品种以及同品种存有数量：物以稀为贵，品种发现少的玉器价值更高。例如，出廓璧因其形制独特且存世量少，成为博物馆的珍贵藏品。

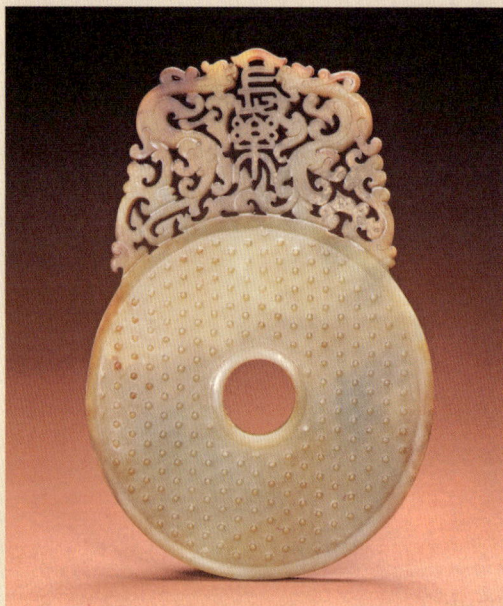

传统文化中的科学

探新境，拓智慧

中国四大名玉是新疆的和田玉，陕西西安的蓝田玉，河南南阳的独山玉，以及辽宁岫岩的岫岩玉。

新疆——和田玉

和田玉主要分布于新疆莎车—塔什库尔干、和田—于阗、且末绵延1500公里的昆仑山脉北坡，共有9个产地。和田玉的矿物组成以透闪石、阳起石为主，并含有微量的透辉石、蛇纹石、石墨、磁铁等矿物质，形成白色、青绿色、黑色、黄色等不同色泽，多数为单色玉，少数有杂色。玉质为半透明，抛光后呈脂状光泽。和田玉夹生在海拔3500米至5000米高的山岩中。

陕西——蓝田玉

现代开采的蓝田玉矿床位于蓝田县玉川镇红门寺村一带，距县城约35公里，含矿岩层为太古代黑云母片岩、角闪片麻岩等。玉石为细粒大理岩，主要由碳酸钙矿物组成。蓝田玉主要有翠玉、墨玉、彩玉、汉白玉、黄玉等，质地坚硬，色彩斑斓，光泽温润，纹理细密。其由于含有氧化的硅、铝、镁、钠、钙、铜等元素，往往一玉多色，乳白、青、黄、红诸色错杂，是良好的玉雕和制作工艺美术品原料。

河南——独山玉

独山玉玉质坚韧微密，细腻柔润，光泽透明，色泽斑驳陆离，有绿、白、黄、紫、红、黑6种色素77个色彩类型，是玉雕的一等原料。据考和氏璧就是独山玉，最后被秦始皇做成玉玺。独山玉由于色泽鲜艳、透明度好等优点，跻身中国四大名玉之列。翠绿色的高档独山玉品种，与缅甸翡翠相似，故有"南阳翡翠"之誉。一般独山玉主要用于雕琢各种陈设件以及手镯、戒指、项链等饰物。独山玉以色正、透明度高、质地细腻和无杂质裂纹者为最佳，其中又以芙蓉石、透水白玉、绿玉价值较高。此外，利用玉块不同颜色模仿自然制作的俏色玉雕获得好评。

辽宁——岫岩玉

岫岩玉是一种软玉，因主要产地在辽宁岫岩而得名，属蛇纹石，以其质地温润、晶莹、细腻、性坚、透明度好、颜色多样而著称于世，自古以来一直为人们所垂青和珍爱。它形成于镁质碳酸岩的变质大理石中，外观呈青绿色或黄绿色，半透明，抛光后呈蜡状光泽。岫岩玉产量之大和用料之多，在四大名玉之中均占首位，但因其硬度低，在玉器被擦拭保洁的过程中，容易被磨损而使本来不强的光泽逐渐变暗淡，远不如翡翠那样越擦越亮。故岫岩玉属于低档玉料，而在制作大型玉雕座件和中小型摆件中，对玉的硬度要求较低，所以仍是颇受欢迎的玉种。

5

巧夺天工的古代科技

机巧深诣

火药

　　火药作为中国古代四大发明之一，为人类的历史进程带来了不小的影响。那么，火药是由什么成分构成的？明代科学著作《天工开物》中记载："凡火药，以消石、硫黄为主，草木灰为辅。"意思是说，火药的主要成分有硝（消）石和硫黄，辅助成分有草木灰。在火药的成分中，硫黄横向爆发力量大，制作爆破的火药，硝石和硫黄的比例是七比三。

　　火药的基本原理涉及化学中的氧化还原反应。在火药的研究过程中，许多杰出的化学家为我们揭示了其工作原理。1889年，德国化学家德布斯提出了火药燃烧比容和热效应值的概念，指出每千克火药爆炸后产生的气体为225升，同时释放出的热量为740千卡，这些热量足以将1千克水的温度升高740℃。1914年，德国化学家埃斯卡尔斯发现火药的燃烧过程可分为两个阶段：首先是氧化放热，然后是还原吸热。直到1967年，乌尔班斯基明确指出：火药的燃烧实质上是以硝石作为氧化剂的一系列氧化还原过程，伴随着氧气的生成。

　　火药之独特，在于其成分的特性。炭和硫具有可燃性，并且能够被硝化，因此火药中包含的成分本身就具备氧化剂和可燃剂的特性，无须依赖空气就能燃烧。混合硝、硫和炭后点燃（在250℃~300℃的温度下），将引发一系列连锁反应，释放大量高温高压气体和化学能，从而引发爆炸。在爆炸过程中，产生的高温甚至可以超过2000℃，展现了火药强大的能量和破坏力。火药的工作原理正是通过这些精妙的化学反应实现的，它在许多领域也有着广泛的应用。

　　有记载的火药在军事上的使用，最早出现在唐末天祐元年（904），郑璠率军攻打豫章（今江西省南昌市），"发机飞火"，

以攻城门。军事家们对此非常感兴趣，用火药代替传统军事上火弓、火弩、火箭、火兽和火鹞等纵火器具所用的易燃物，将火引到敌方阵营，既快捷又省力。火药充当了动力源，解放了人和动物。燃烧、爆炸还会弄出很大的动静，破坏力强，震撼人心。至宋代，火药在军事上得到正式应用，宋代人研制出伏火硫黄法和伏火矾法两种军用火药配方，贡献了火炮和蒺藜火球等战争武器。970 年，北宋冯继升发明了火药火箭。最迟在南宋初年，我国民间有了纸筒内装入火药燃放的爆竹。明代是我国火药火器制作的鼎盛时期，管形火器、军用火箭以及各种单级、多级火箭悉数登场。明末清初之后，受制于落后的生产力，火药火器在中国逐渐衰落。然而值得注意的是，13 世纪，蒙古铁骑三次西征，依靠小火箭、火蒺藜（"手榴弹"）和抛石机等先进武器横扫欧亚大陆，打通了阻塞已久的丝绸之路，也让阿拉伯国家和欧洲各国见识了火药的威力。

司南

在古代，人们称指南针为司南，它的主要部分是一根装在轴上的磁针。在天然地磁场的作用下，磁针可以自由转动并保持在磁子午线的切线方向上，使得磁针的南极指向地磁北极（位于地理南极附近）。利用这个性能，人们可以确定方向。当指南针被发明和制造时，那些创造者可能无法想象，手中一根普通的磁针会在历史的进程中变成人类征服大海的关键。它直接推动了大航海时代的到来，并促成了新大陆的发现。这个看似不起眼的小发明在人类历史上扮演着重要的角色，展示了技术的力量和创新的价值。

地球本身就是一个巨大的磁体，它的两个磁极分别位于接近地理南极和地理北极的地方。当地球表面的磁体能够自由转动时，它会根据磁性相斥和相吸的特性指示南北方向。古人或许并不完全理

司南复原模型

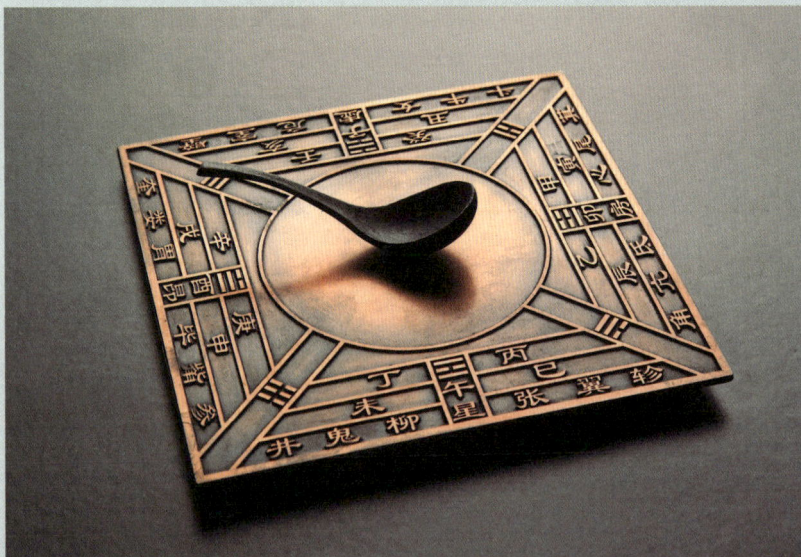

传统文化中的科学

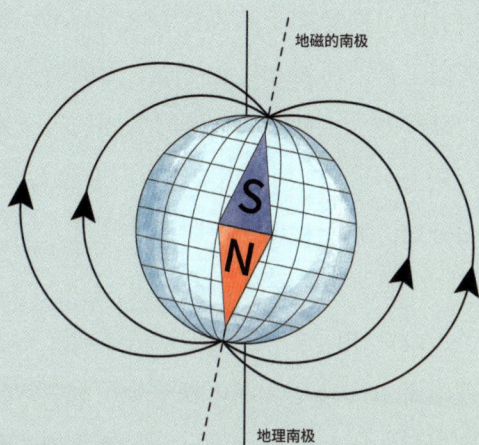

解这一道理，但他们已经观察到了这种现象的存在。指南针的出现展示了古人对自然现象的敏锐观察和探索精神，为后人留下了宝贵的智慧遗产。

东汉王充在《论衡》中对司南的形状和使用方法做了记录，"司南之杓，投之于地，其柢指南"，大意是把磁石制成勺的形状，放在地盘上，勺子的勺柄就会指向南方。然而，尽管古代文献中提到了司南的形状和用途，目前尚未发现古代实际存在的磁石勺。因此，曾在中国国家博物馆展出的司南实际上是近代学者根据古籍描述所制作的复原模型。科技史学者黄兴尝试根据多种古籍中的描述来复原司南的样子，最终得出最合理的模型是：由天然磁石制成的勺，配以表面光滑的青铜地盘。这种复原模型的提出有助于我们更好地理解古代司南的可能形态，为研究古代导航和科技发展提供了有益的参考。

司南在使用上的不便影响了其流传，出于行军、航海的需要，人们便开始了指南工具的研发和优化历程，力图制造出一个小型便携的指南工具，最终的成果就是我们今日熟知的指南针。北宋沈括在《梦溪笔谈》中记录下了这种利用天然磁石进行人工磁化的方法："方家以磁石磨针锋，则能指南……"这种经过人工传磁的钢针，就是最早的以"针"形态出现的指南针。

　　北宋时期，指南针的问世对当时的航海事业起到了巨大的推动作用。北宋地理学者朱彧在《萍洲可谈》中记载："舟师识地理，夜则观星，昼则观日，阴晦观指南针……"这段描述表明，在北宋末年，指南针已经被广泛运用于航海中。当时的海船上会设有专门的针房用来放置指南针，这凸显了其在航海中的重要性。

　　然而，沈括在《梦溪笔谈》中记录并验证了磁针存在"常微偏东，不全南也"的磁偏角现象。由于地球的南、北磁极与地理的南、北极位置并不完全一致，即磁子午线与地理子午线不重合，地球上任一点的磁北方向与该点的地理正北方向都存在偏差。因此，在使用地磁罗盘仪之前，必须进行磁偏角的校正。

造纸术、印刷术

  造纸术作为中国古代四大发明之一，是中华文明对人类进步的重大贡献。纸的发明极大地改善了人类的生活，如今已成为全球宝贵的文化遗产。中国传统手工纸是以植物纤维为原料，经过切断、浸泡、漂洗、捣碎、抄纸、晾干等工序制成的适用于书写的纤维薄片。

  《后汉书》中记载："（蔡）伦乃造意，用树肤、麻头及敝布、鱼网以为纸。元兴元年奏上之，（和）帝善其能，自是莫不从用焉，故天下咸称'蔡侯纸'。"在东汉时期，蔡伦在前人经验的基础上发明了适合书写的植物纤维纸，这使纸逐步成为广泛使用的书写材料。蔡伦的造纸技术开创了新纪元，对中国和世界的文化发展产生了深远影响，成为人类文明史上的重要里程碑。

  明代宋应星在《天工开物·杀青》中全面系统地总结了造纸工艺的流程。如"造竹纸"可概括为五个步骤：斩竹漂塘、煮楻足火、荡料入帘、覆帘压纸、透火焙干。

  马克思说过："火药、指南针、印刷术——这是预告资产阶级社会到来的三大发明。火药把骑士阶层炸得粉碎，指南针打开了世界市场并建立了殖民地，而印刷术则变成新教的工具，总的来说变成科学复兴的手段，变成对精神发展创造必要前提的最强大的杠杆。"信息复制的社会需求自古有之，印刷术之前的信息复制主要依靠手抄，随着社会需求的增加，手抄的信息复制效率已经落后，迫切需要一种新的技术，印刷术因此应运而生。

  最早的复制技术包括印章、拓印、印染三种类型。宋代的印刷术开始走向成熟与发达，两宋时期雕版印刷盛行，并出现了活字印刷。雕版印刷需先把木质细腻而坚硬的木材锯成一块块薄板并打磨

传统文化中的科学

光滑，把要印的文字用薄纸写成字稿，反贴在木板上，再根据每个字的笔画，用刀雕刻成阳文，使每个字的笔画突出在板上，木板刻好后就可以开印了。印书时，用刷子蘸墨，在刻好的印版上均匀地涂布，接着把白纸覆盖在印版上，另外拿一把干净的刷子在纸背上轻而均匀地涂布，一页书就印好了；一页一页印好后，装订成册，一本书也就成功了。

然而，雕版是一件很费劲的事情。印一张纸雕刻一块板，印一本书需要雕刻一套木板，费人工，费时间，有的书仅雕版刻字就需要几年的时间。而且，如果一本书只印一次，那么印后这些版片也就没用了，造成了极大的浪费。有没有一种更简便、更经济的制作印版的技术呢？北宋著名科学家沈括晚年所著的《梦溪笔谈》详细记载了毕昇发明的"活板"及其工艺概况。北宋庆历年间（1041—1048），熟悉雕版技术的印书铺工匠毕昇，用胶泥制作活字，经火烧后使其坚固，按韵排列存放。活字呈片状，排版前先在铁板（后人多用铜板）上铺以松脂、蜡与纸灰的混合材料，排好一版活字后，将铁板加热，再用一平板压字面，以便将全部活字粘于铁板上，并保证字面平整，以利于印刷。印完后，再将活字拆开退放原处，以便下次使用。为了提高效率，可将两块铁板交替使用。元代大德年间（1297—1307），时任旌德县尹的农学家王祯亲自设计并雇工刻制三万多个木活字，并设计制成转轮排字架，使活字排版更为简便、迅捷。明代活字印书盛极一时，金属活字比木活字更加普遍，尤以无锡一带铜活字、锡活字印本最为著名。清代的活字印刷最发达，尤为突出的是政府采用铜活字和木活字大量印书，印行规模超过历代。

天工开物

　　中国古代有一部集大成的科技典籍——《天工开物》，由明代著名科学家宋应星编纂，系统记载了农业、手工业等领域的生产技术，堪称 17 世纪的工艺百科全书。全书分为上、中、下三卷。上卷记载了各种谷物豆麻的栽培和加工方法，蚕丝棉苎的纺织和染色技术，以及制盐、制糖工艺。中卷包括砖瓦、陶瓷的制作，车船的建造，金属的铸锻，煤炭、石灰、硫黄、白矾的开采和烧制，以及榨油、造纸的方法等。下卷记载了金属矿物的开采和冶炼，兵器的制造，颜料、酒曲的生产，以及珠玉的采集和加工等。例如，书中详细说明了石灰的多种实用功能：

　　凡灰用以固舟缝，则桐油、鱼油调厚绢、细罗，和油，杵千下，塞艌；用以砌墙石，则筛去石块，水调粘合；甃墁，则仍用油灰；用以垩墙壁，则澄过，入纸筋涂墁；用以襄墓及贮水池，则灰一分，入河沙、黄土二分，用糯米粳、羊桃藤汁和匀，轻筑坚固，永不隳坏，名曰三和土。其余造淀、造纸，功用难以枚述。凡温、台、闽、广海滨石不堪灰者，则天生蛎蚝以代之。

　　此段大意是说，石灰的用途有很多，用来填补船缝的话，可用桐油、鱼油调拌，并加上厚绢、细罗，舂烂塞补；用来砌墙时，则要先筛去石块，再用水调匀粘合；用来砌砖铺地面时，则仍用油灰；用来粉刷或者涂抹墙壁时，则要先将石灰水澄清，再加入纸筋，然后涂抹；用来造坟墓或者建蓄水池时，则是一份石灰加两份河沙和黄泥，再用粳糯米饭和猕猴桃汁拌匀，轻轻夯打便很坚固，永远不会损坏，这就叫作三和土。此外，石灰还可以用于染色业和造纸业

　　　　　　　　　　　　　　　　　　　传统文化中的科学

等方面，用途繁多而难以一一列举。大体上说，在温州、台州、福州、广州一带，沿海的石头如果不能用来煅烧石灰，则可以寻找天然的牡蛎壳来代替。

    《天工开物》在中国乃至世界都具有不凡的影响力，它不仅记载了中国古代的劳动生产技术，更蕴含了宋应星的技术哲学思想，在今天依然富有思辨价值。"天人合一""天人共生"的科学发展观念是永不过时的思想。

青铜神工

在巴蜀地区，有一处世界瞩目的遗址，它彰显了中国古代青铜文化的光辉，这就是三星堆。三星堆中每一件青铜器都震惊着世人，让我们感叹中国古人的工艺技术是如此鬼斧神工。

三星堆中目前出土并修复了 3 株商青铜神树，下图是Ⅰ号大型铜神树。Ⅰ号大型铜神树由底座、树和龙三部分组成，采用分段铸造法铸造，使用了套铸、铆铸、嵌铸等工艺，通高 3.96 米，树干顶部及龙身后段略有残缺。在我国迄今为止所见的全部青铜文物中，这株神树也称得上是形体最大的一件。铜树底座呈穹窿形，其下为圆形座圈，底座由三面弧边三角状镂空虚块面构成，三面间以内撇势的三足相连属，构拟出三山相连的"神山"意象，座上铸饰象征太阳的"⊙"纹与云气纹。树铸于"神山之巅"的正中，卓然挺拔，有直接天宇之势；树分 3 层，每层 3 枝，共 9 枝；每枝上有一仰一垂的两果枝，果枝上立神鸟，树侧有一条缘树逶迤而下的身似绳索

Ⅰ号大型铜神树

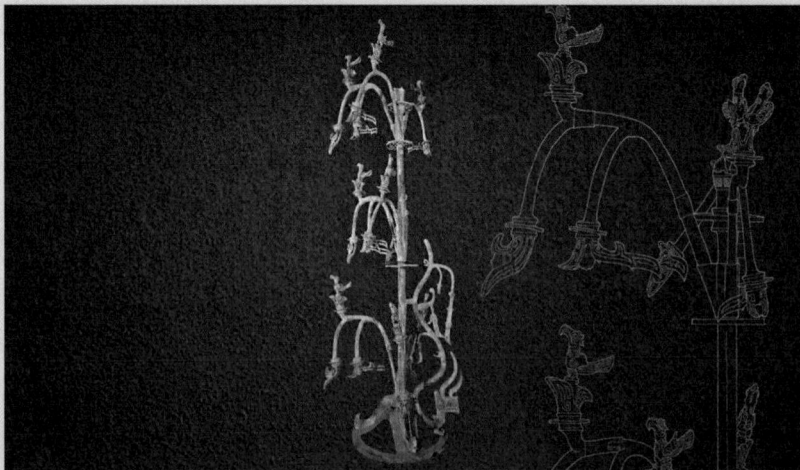

传统文化中的科学

相辫的铜龙，整条龙造型怪异诡谲，莫可名状。

三星堆的青铜器均采用源自中原地区的泥土块范法浇铸，这一技艺在世界其他地区从未出现，并在青铜器制作中长期占据主导地位。青铜树作为蜀地青铜器中造型较为独特的类型，铸造工艺是十分复杂的，其主要采用了块范法中的浑铸法、分铸法、套铸法、锻打法、邦铸法等。以Ⅰ号大型铜神树为例，树座部分采用邦铸法铸造，将树座的大圆盘底座分铸后，在背面浇铸大量铜液用于连接，冷却后起到加固的作用；主树干与树枝采用套铸法铸造，古蜀人将器物主体浇铸成散件，再用泥芯将散件相接处贯穿连接，在其外表套上5~10厘米的外范，往内部倒入铜液制作外套铜管，以此将两个散件拼接起来；细小的树枝采用锻打法铸造，这是较为原始的一种铸造技术；果实等较小器件采用中原地区最常见的浑铸法进行铸造；青铜鸟则采用分铸法铸造，翅膀、鸟头、鸟身、花卉都是分铸而成，

商青铜立人像

分节复杂；游龙为浑铸法铸造，通过有范铸造，将龙和树主干相连。商青铜神树的主要铸造技术广义上可以归类为分铸法，而套铸法、邦铸法等还未在同时期的中原青铜器中出现过，足以证明古蜀王国早在商周时期就已经熟练掌握了青铜冶炼技术。Ⅰ号大型铜神树还采用了直至秦汉时期才得以普及的分段铆接工艺，该工艺可以将无法浑铸的大型器物铸件拼接并固定，大大降低了大型器物铸造的难度。

　　古蜀人在青铜铸造上十分偏爱分铸，将分铸的铸件用不同的焊接技术进行拼接，这样独特的工艺与审美有着密切的联系。他们将大型青铜器的复杂造型进行分解，化繁为简，再将最简单的单元部分进行焊接，灵活性极强。

探新境，拓智慧

从"窜天猴"到运载火箭

讲到火药的运用，不得不说我们很熟悉的"二踢脚""窜天猴"了，这些烟花爆竹在节日中给我们带来了无穷无尽的乐趣。同样是飞上天，我们的运载火箭和这些烟花爆竹也是有些关系的。想让火箭飞上天，发动机是必不可少的，火箭的发动机按照燃料类型可分为固体发动机和液体发动机。固体发动机就类似于火药驱动的"二踢脚"和"窜天猴"，我们国家的"长征十一号"运载火箭，"东风-21D""东风-26"等机动发射的弹道导弹，"红旗-9"防空导弹、"红箭-73"反坦克导弹等，以及美国航天飞机的SRB助推器都是使用的固体火箭发动机。

固体火箭发动机与液体火箭发动机和其他化学能火箭发动机相比，具有结构简单、体积小、工作可靠、操作简便、使用安全和能够长期贮存等优点，被广泛地用作各类战略战术导弹武器、快速响应运载动力装置。固体火箭发动机主要由固体推进剂装药、

燃烧室、喷管和点火装置四部分组成，需要进行推力矢量控制的发动机、推力矢量控制装置和其他零部件。装药是装入燃烧室中具有一定尺寸、形状的固体推进剂药柱的总称，是发动机的能源部分。燃烧室是推进剂装药燃烧的场所，主要由起承载作用的燃烧室壳体和起热防护作用的内绝热层组成。燃烧室壳体一般由筒体和前后封头构成。喷管是固体火箭发动机的能量转换装置，高温燃气流通过喷管膨胀加速将内能转换为动能，从而产生推力；同时又可控制燃气流量，保持一定的燃烧室压强。其主要由喷管壳体和热防护层构成。点火装置提供一定的初始热量和点火压强，以便点燃主装药并使之稳定燃烧，由发火系统和能量释放系统组成。

精耕细作

古代农业生产工具

　　农业作为人类文明的基石之一，自古以来一直扮演着至关重要的角色。而中国作为世界上最早从事农业生产的国家之一，农耕文化的历史可以追溯到数千年前。从古至今，中国农业器具的演变体现了中国人民智慧的结晶，同时也推动了农业的发展和进步。从最早的木耒（lěi）、木犁，到后来的铁锄、铁耙，再到现代化的拖拉机、收割机等农业机械，每一代农具的更迭都代表了人类农业生产技术的进步。

水碓

　　水碓（duì）是一种利用水力舂米的机械，利用水碓，可以日夜加工粮食。建水碓的位置多选择在河畔，为防止所捣之物受到日晒

古人持穗

传统文化中的科学

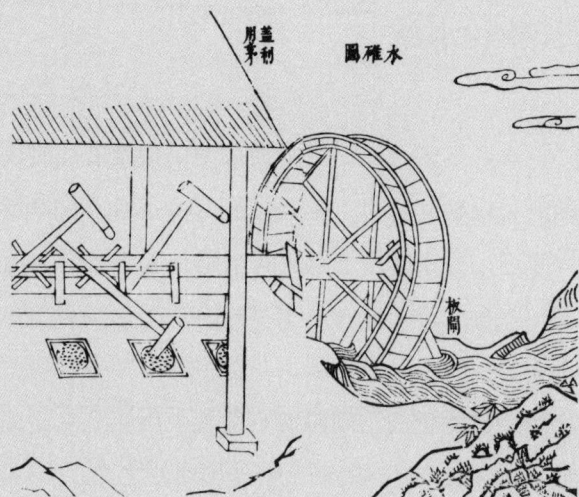

雨淋，方便使用，各地的水碓都建有水碓房，建房资金多由村民集资。早在东汉时期，孔融在《肉刑论》中就有记载："贤者所制，或逾圣人，水碓之巧，胜于断木掘地。"这表明水碓在当时已经出现在人民的生产生活中。唐代以后，水碓的用途逐渐丰富，但凡需要捣碎之物，如药物、香料、矿石以及竹篾纸浆等，皆可使用水碓来捶打。

　　水碓上装有一个大的水轮，以水力作为动力。水轮上有叶片，当水流推动水轮转动时，会带动拨板，拨板再带动碓杆，杆的一端安装一块圆锥形石头（俗称地牛）。下面的石臼里放上待粉碎加工的物料。流水冲击水轮使它转动，轴上的拨板臼拨动碓杆的梢，使碓头一起一落地进行捣作。安装在地上的是石头臼，而运动的碓头一般用坚硬的木头来制作，以便有力地敲打石臼中的物料。人们往往会依据溪流江河的水势大小设置多个水碓，设置两个以上的叫作连机碓，最常见的是设置四个碓。

水磨和水碾

　　水磨是魏晋南北朝时期水力应用发展的时代标志。磨相传是春秋时公输般发明的，碾（niǎn）在东汉时期亦见诸文献记载。磨、碾以水驱动即水磨、水碾的问世则是水碓已有普遍运用之后。《南齐书·祖冲之传》载："（祖冲之）于乐游苑（在建康，今南京）造水碓磨，世祖亲自临视。"世祖即南朝齐武帝萧赜，这是有关水磨比较明确的记载。同时期有北魏大臣崔亮在洛阳"张方桥东堰谷水造水碾磨数十区，其利十倍，国用便之"。

古人用水磨磨面

古代农业水利工程

　　我国人口众多，因而自古重农，举凡"水利灌溉、河防疏泛"，历代无不将之列为首要工作。农业在国民经济发展中具有基础性意义，而水利是农业的命脉。历史上，勤劳、勇敢、智慧的中国人民同江河湖海进行了艰苦卓绝的斗争，修建了大大小小无数的水利工程，有力地促进了农业生产。同时，水文知识也得到了相应的发展。

　　成都平原美丽富饶，享誉古今中外，一度被人们称赞为"天府之国"，这得益于李冰父子修建的都江堰。都江堰是我国古代水利工程的稀世珍宝，有防洪、灌溉及航运三利。两千两百多年来，四川人民世世代代经营都江堰，使都江堰久而愈振，生机蓬勃，点点滴滴，润泽天府。该工程不仅是我国水利史上的伟大成就，也是世界水利史上利用自然而不破坏自然的典范。

　　秦昭襄王在位后期，蜀郡太守李冰在蜀人治水经验的基础上，于成都平原顶点、岷江刚出山口的江心中叠砌分水鱼嘴，把岷江一分为二。外江为岷江正流，泄洪排沙；内江为灌溉水渠，导水灌田。李冰巧妙地利用地形与水势，实现无坝引水。

　　内江傍玉垒山脚，是人工开凿的渠道，由凿开坚硬岩石所成的宝瓶口引水，以供航运灌溉之用。宝瓶口上游内外江之间则有飞沙堰，可以将拦阻在宝瓶口外的过量洪水和沙石泄入外江，使得都江堰能够自动调节水量、自动分流、自动排沙。

　　都江堰的建成使外江成为洪水和沙石的排泄通道，使内江水系范围内的政治、经济中心成都不仅解除了旱涝之害，同时又引进水源，满足了灌溉、通航和漂木的需求。

　　都江堰所在的岷江河道中水流挟带的泥沙是推移质泥沙，处理此类泥沙的最好方式是借助水流的冲力使其沿河床滚动，排至指定

位置。都江堰有 3 处具备处理泥沙功能的结构：鱼嘴、飞沙堰、凤
栖窝。

　　鱼嘴位于岷江河道的弯段上，可自动使上游河床 85% 左右的泥
沙排入外江，剩下约 15% 的泥沙进入内江。根据弯道水流泥沙的运
动规律，表层清水流动方向指向内江，使内江引入含沙量少的清水；
底层水流流动方向指向外江，推动河流上的推移质泥沙向外江滚动，
从而使岷江水流中挟带的绝大多数泥沙进入外江。这就是"凹岸引
水，凸岸排沙"。进入内江的泥沙虽然只占岷江含沙量的约 15%，
但仍有引起淤塞的风险，而布置在岷江弯段上的飞沙堰则完美地解
决了这个问题。

　　飞沙堰被修成一个微弯的堰岸，以强化"弯道环流"效果。内
江泥沙经由飞沙堰时，被底流冲向飞沙堰，泥沙的沉积点正好是飞
沙堰的堰顶，可以非常顺利地被水流挟带"飞"入外江。正是这奇

特的飞沙现象，使这道低堰得名"飞沙堰"。内江的水量越大，飞沙堰的排沙作用越强，当遇到特大洪水将飞沙堰冲垮时，内江洪水挟带的沙石全部由缺口冲入外江，避免洪水泥沙对枢纽工程和灌区的毁坏。进入内江又没有被水流冲过飞沙堰的泥沙只占内江泥沙总量的 10%~15%，这部分泥沙会在飞沙堰下端较宽的河道中，受流速减慢和洄旋流影响，被带至对岸的凤栖窝淤积。

凤栖窝为天然河岸凹坑加以人工挖凿而成，是都江堰枢纽工程的沉沙池，每年必须进行人工清淘。传说李冰当年在凤栖窝沙土一定深度下埋有石羊、石马，明清以后被人们用卧铁代替，每年清掏时必须见到石羊、石马或卧铁，则证明清淤的深度正好合适，更好地保证其沉沙作用的充分发挥。

古代养蚕技术

　　蚕桑丝织是中国一项伟大的技术发明，至今已有五千年的历史，是中华民族认同的文化标识。它对中国历史的发展做出了巨大贡献，并通过丝绸之路对人类文明产生了深远影响。

　　桑蚕又称家蚕，是以桑叶为食料的完全变态昆虫，一生经过卵、幼虫、蛹、成虫四个发育阶段。茧是蚕成熟后吐丝所形成的蛹体保护层，是丝绸工业的原料。蚕丝纤维由两根呈钝三角形的丝素和包裹于丝素之外的丝胶组成，是一种天然蛋白质长纤维，具有强韧、纤细、光滑、柔软、光泽、耐酸等优点，并对人体有很好的保健作用。用蚕丝织成的真丝绸手感柔软，光泽优雅，吸湿透气，穿着舒适，多用于内衣和时尚外衣面料。

古人蚕织

蚕种选择：《齐民要术》中记载"收取种茧，必取居簇中者。近上则丝薄，近下则子不生也"，大意为教人们如何收取做种用的茧。《农桑辑要》又进一步提出如何选蛾、选卵。现代多采用杂交育种新法。

培育蚕种：据《礼记》记载，古代人们已经开始用清洁的河水沐浴卵面，涤去污物；到了宋代，人们已用朱砂、石灰水或盐卤水等对卵面进行消毒，避免蚕蚁破茧时被病菌感染，同时这种方法还可以淘汰劣质蚕卵。

古人还总结出用白米粉与桑叶混合喂蚕的方法，这样产出的蚕丝洁白而有韧性；采摘秋桑叶晒干，研磨成细末并保存在干燥处，若养蚕时遇雨叶湿，可将这种叶末掺入饲料中，具有灼湿、易饱、省叶的功效。

此外，浙江嘉湖地区还总结在蚕上蔟结茧时"出口干"的成功经验，即用火加温干燥，使茧质和解舒率得到提高。蚕的生活环境对声音、气味、光线及卫生等条件都有一定要求，可见从古至今，养蚕是一门有深度的学问。

蚕桑丝绸美化了华夏先民的物质生活，他们以艳丽柔美的绫罗绸缎为衣料，令以麻、棉、毛为衣料的西方各国十分欣羡，并由此孕育了"丝绸之路"。丝绸不仅装饰着男女老少的衣裙，而且作为一种生活必需品满足着人们的物质需求，用织、绣、染等工艺制成的帐幔、旌幡、桌围、椅套、车轿、结婚被面、书籍装裱、书画材料，甚至小到巾帕、扇套、荷包，在中国人的吃穿住行中随处可见。

古人与茶

相传神农氏在尝百草时，有一天遇到七十二种毒物，幸得"荼"解毒才得以保住性命，"荼"就是我们今天的"茶"。我国是世界上最早栽培茶树和利用茶叶的国家，经过近千年的沉淀，古代中国在茶树的栽培、茶种的选优以及茶叶的炒制工艺等方面都有引人瞩目的成果。

茶叶是多年生不落叶常绿灌木植物，茶树种植一次后可连续采摘数十年。茶叶繁殖有多种途径，在茶乡，茶农多是采取种子繁殖的方法，这种方法最为简单方便快捷，且产茶早，产量高。茶种于秋季白露后可以采摘，堆放在家中，翌年清明节前后，下地播种。入秋后追一次秋苗肥，到翌年开春就可以间苗，留大去小，留强去弱，留健壮去病残。播种后第二年就可以开始采摘茶叶。

同样的茶叶，用不同的加工技术，可以制出不同的味道。古代人喝的茶与现代人品的茗，因为制茶技术的不同，口味也是截然不同的。那么，制茶技术是如何发展的呢？

我们的祖先在发现茶树的早期，先是把野生茶树上嫩绿的叶子当作新鲜蔬菜或食物来嚼着吃，或是配以必要的作料一起食用，这是我们祖先利用茶叶最早、最原始的方式。根据陆羽《茶经》和有关史料的记述或推论，大约到了神农尝百草发现茶叶可解毒前后，我们的祖先在"吃茶"和劳动生活过程中，发现了茶叶具有解渴、消食、提神、解毒等保健与治病功能，于是对茶的认识更加深入，对茶的利用逐步由嚼吃转为调煮，即采摘野生茶树鲜叶加以姜、葱、橘子等调味品与谷物等一起煮成羹或粥来饮用，或是出于保健治病的需要将茶叶熬成汁液服用，这也叫作"喝茶"阶段。

三国时期，采用野生茶树鲜叶调煮茶羹或茶粥的"粥茶法"逐

　　　　　　　　传统文化中的科学

步被摒弃，人们将直接利用茶鲜叶煮制茶羹、茶粥，改为先把茶鲜叶炙制成干茶饼，再将之捣碎成茶末用于煮制茶汤、茶羹或茶粥饮用，这一时期茶的饮用以添加调味剂的羹饮为主。到西晋时期，人们不再仅仅把茶汤当作一种饮料或药汤，而是把饮茶活动当作艺术欣赏的对象或审美活动的一种载体，从对茶叶的认知和饮用上，开始了品饮与欣赏的"饮茶"阶段。

唐代中后期，陆羽《茶经》的问世和茶政改革的推动，使我国茶叶事业实现了茶始有字，茶始作书，茶始销边，茶始收税，并进入了蓬勃发展时期。陆羽在《茶经》中共列举了二十八种烹饮茶叶的器具和设备，对每种茶具的作用、用材、尺寸、工艺等都做了详细的说明，并创立了"煮茶法"（又曰"煎茶法"）。其煮茶和饮茶技艺的基本程序可以概括为"鉴茶、备具、炙茶、碾茶、罗（筛茶、烧水、一沸加盐、二沸舀水、环击汤心、倒入茶粉、三沸点水、分茶入碗、敬奉宾客"十三个步骤。到了宋代，喝茶不再将茶末置于茶镬中煎煮，而是将制备好的茶末直接放在茶盏（即饮茶用的茶碗）中，用煮好的开水调匀、冲点、击拂，使茶汤产生泡沫并鉴赏饮用。明代"泡茶法"分为"上投法""中投法""下投法"三种，其中应用最多的"下投法"的基本程式是：鉴茶备具、茶铫烧水、投茶入瓯（即壶或盏）、注水入瓯和奉茶品饮。后来这种方法演变发展为盖碗泡法和玻璃杯泡法，一直沿用至今，并仍是当今主流的饮茶方式之一。

古人煮茶

传统文化中的科学

从野生稻到江南谷仓

    米饭是我们餐桌上最常见的食物之一，那为什么经过漫长的演化，最终是稻米占据了餐桌上的主导地位呢？

    我们桌上米饭的祖先是野生稻。野生稻自身拥有的糖酵解基因可以让它在无氧环境下通过分解体内的糖分为自己供能，在最短的时间内冲破泥沼钻出来吸收空气，这让其在古代华南地区拥有超越其他作物的优势。同时在华南地区，北上的暖空气和南下的冷空气交汇，夏季常有大量的降水，创造了丰富的池沼湿地，这让野生稻有条件在长江、珠江流域大量生长。

    至迟在一万一千年前，长江中下游地区的先民已经开始人工栽培水稻。例如，在江西仙人洞遗址（距今一万五千年至九千年）同时发现了野生稻和人工栽培稻的痕迹；在湖南玉蟾台遗址（距今一万一千年至一万年）发现了古栽培稻类型；在浙江上山遗址（距今一万一千年至八千五百年）出土了炭化稻米。而在距今七千年的浙江河姆渡遗址，考古发掘出大量农具和稻谷遗存，这些保留下来的稻谷都是人工栽培的。四千二百年前，因为冰期出现，气温降低，环境干燥，粳米开始出现并在中国种植，随后传入朝鲜、日本。同时南方出现了喜温的种类，从长江流域向南传播，流入马来西亚、印度尼西亚、菲律宾，随后沿着印度洋海岸传入印度。传入印度的稻米与印度本地的品种杂交出现了籼稻，后来籼稻在两千年前又传回中国并在西南地区广泛种植。

    唐代，经济重心南移，为长江中下游地区的农业带来了大量劳动力。宋代，华南地区降水减少，水稻产量受到影响，宋真宗赵恒派人取福建地区的占城稻推广种植。占城稻生长周期短，它带来的丰收使得当时人口从三千万激增到一亿，促进了社会繁荣。明代，改良的占城稻甚至可以在南方地区实现一年种植两轮，出现了早稻和晚稻。清代，康熙在北京兴建丰泽园，在其中进行水稻种植实验，发现一种早熟水稻，并进行选择性培育，在 1692 年培养出生长周期短的早熟品种"御稻米"，即现在北京"京西稻"的鼻祖，英国生物学家达尔文在《动物和植物在家养下的变异》一书中对其有所记载。

从一万年前我们的祖先开始驯化野生稻，到八千年前驯化完成，并在随后的几千年里不断地选育、优化，华夏先民的勤劳与智慧为我们现在享用米饭奠定了基础。

上山遗址出土的炭化稻米

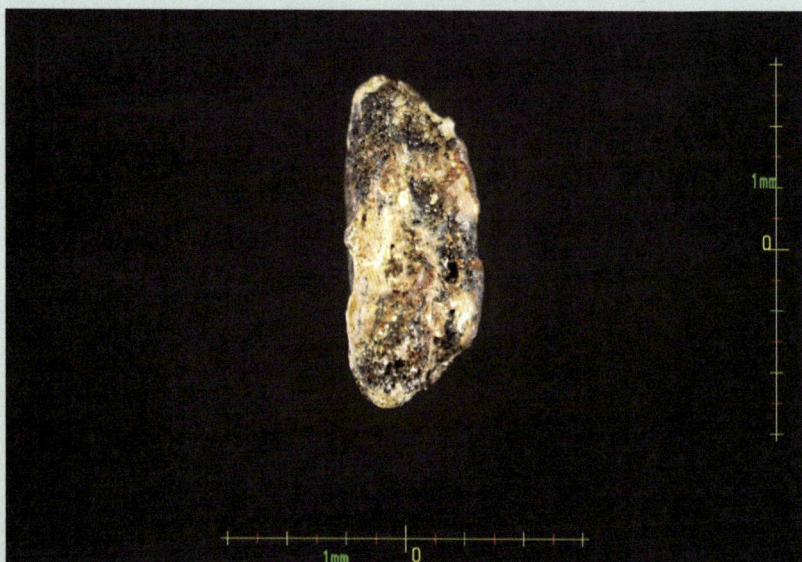

传统文化中的科学

探新境，拓智慧

中国人不用饿肚子了——杂交稻的故事

杂交稻为什么到了近代才出现呢？这是因为在自然界中，大多数水稻都是雌雄同株，雌蕊和雄蕊处于同一个花苞里面，在开花前完成授粉，所以大多数天然水稻都不是杂交品种。1961 年 7 月的一天下午，和往常一样来试验田寻找稻种的袁隆平终于有了重大发现：夕阳下有一株"很优质"的水稻鹤立鸡群。这株"希望之稻"有十多个八寸长的稻穗。第二年，袁隆平就把这株"希望之稻"种进了试验田，一株变成了一千株。可到了抽穗的季节，又是一次大失所望，一千株稻谷里竟然再也找不出一株优质稻。坐在田埂上的袁隆平仔细回忆自己学的遗传学理论知识，最终判定自己找到的"希望之稻"一定

是一株天然杂交水稻。既然有天然的，就有人工杂交的可能！1964 年 7 月，袁隆平又发现了一株特殊的水稻，这株稻穗雄花花蕊不开裂，哪怕大力摇晃，也没有花粉飞出。袁隆平欣喜若狂，奔回实验室，在显微镜下他确信了：这十四万分之一的概率出现的水稻就是他们要找的！人工杂交水稻育种终于迈出了第一步。

为了找到天然的只有雌蕊的水稻，袁隆平和他的学生花费多年，最终在海南的野外意外发现了天然雄性不育水稻株系——花粉败育普通野生稻，简称"野败"。通过这种水稻，可以培育出没有雄蕊，但是雌蕊可以正常进行授粉的特殊品种，为后续杂交选育打下了基础。经过不断的杂交和选育，1973 年袁隆平培育出籼型三系杂交水稻"南优二

号"，使水稻产量显著提高。1976 年到 1987 年杂交水稻的大力推广，使我国粮食产量增长 1 亿吨，解决了 6000 万人的吃饭问题。1994 年，美国学者布朗发表题为《谁来养活中国》的文章，引发广泛讨论。就在一年后，比"三系法"增产 5%~6% 的属于中国的"两系法"杂交水稻终于获得成功。袁隆平的弟子罗孝和说："我们中国人自己养活中国人！"20 世纪 80 年代中期，我国实现粮食自给自足。1998 年，我国正式宣布农业发展进入新阶段。

袁隆平曾做过这样的一个梦，水稻长得比高粱高，穗子有扫帚那么大，谷粒有花生米那么大，袁隆平和同事、助手们坐在瀑布一样的稻穗下乘凉。2017 年 10 月 16 日，中国科学院亚热带农业生态研究所中，株高可达 2.2 米，亩产超过 800 千克，具有高产、抗倒伏、抗病虫害、耐淹涝等特点的"巨型稻"培育成功，禾下乘凉梦走进了现实。袁隆平还有一个梦想，那就是杂交稻覆盖全球，他说：全球有一亿六千万公顷稻田，如果一半，有八千万公顷（种杂交水稻），那现在的情况，每公顷增产两吨，可以多养活五亿人口。

踏浪前行

郑和下西洋

　　15世纪上半叶，明成祖朱棣和明宣宗朱瞻基派遣太监郑和进行了7次大规模的下西洋航行。郑和下西洋比欧洲大航海时代早了近百年，在中西方交通史上留下了浓墨重彩的一笔。

　　据史料记载，郑和率领的船队规模之巨空前绝后，每位统领指挥着数万名官兵，拥有百余艘海船，这在全球航海史上前所未见。首次远航时，船上人数高达27800人，不仅宝船有63艘，还有超过

200 艘辅助船只。宝船长 150 米，宽超 60 米，有四层楼高。船上配备了 9 根桅杆，每根可挂 12 张帆。在帆船时代，制造可容纳千人的超大型船只的技艺，实属中国独有。

中国航海技术的卓越表现涵盖多方面，除了高超的造船技艺，还包括地文导航、天文导航、指南针导航、铅锤测水深，以及航海图制作和航海针的运用，等等。

明代人眼中的世界

《郑和航海图》是世界上现存最早的航海图集之一，收录在晚明茅元仪的《武备志》中，共40面，最后还有4面名为"过洋牵星图"的附图。这幅海图详细记录了530多个地名，其中包括300多个外域地名，最遥远的地点是东非海岸，共有16个地名。海图上标注了城市、岛屿、航行标志、沙滩、礁石、山脉和航线等信息。值得一提的是，南海诸岛礁中有一片被标注为"郑和群礁"，以纪念这位伟大的航海家。

郑和下西洋是中国航海史上的壮举，为海上丝绸之路的发展做出了杰出贡献。明代是古代海上丝绸之路达到鼎盛的时期，自1405

年至 1433 年，郑和率领船队横跨南海，穿越印度洋，远航至西亚，直至东非海岸，创造了世界航海史上的奇迹，成为世界航海事业的先驱。郑和下西洋，象征着明代海上丝绸之路的繁荣和中国海洋文化的发展。

郑和及其团队作为中国的和平使者，扩大并丰富了古代中国与亚非各国人民之间的友好交流，促进了彼此之间的经济文化合作。英国学者李约瑟评价称："当世界变革的'序幕'尚未揭开之前，即 15 世纪上半叶，在地球的东方，在波涛万顷的中国海面，直到非洲东岸的辽阔海域，呈现出一幅中国人在海上称雄的图景。"

利用星星的定位方法——牵星术

  在古代，大多数船舶都倾向于沿着海岸线航行，以防迷失方向进入茫茫无际的远洋。明初的航海者还没有经纬度的概念，那么，航行在广阔海域上的海员们是如何确定船队的位置和航向呢？古人创造性地利用星星的位置来确定自身位置，这就是牵星术。

  牵星术的基本原理很容易理解：地球近似为一个球体，北极星在夜空中的高度会随着观察者所在纬度的不同而变化。在北极点的观察者眼中，北极星会悬挂在头顶正上方；而在赤道附近，北极星几乎与地平线平行。通过观察北极星与地平线的高度角，航海者可以计算出自己所在的方位。

牵星板的使用

传统文化中的科学

  在郑和下西洋的时代，牵星术在航海中已经非常成熟，人们甚至还发明了专门用于测量星斗高度的仪器——牵星板。牵星板由十二块大小不同的木板组成，每块木板的中心穿有一根细绳。航海者可以利用这种仪器观测星星的高度角，从而更准确地确定船舶的位置和航向，帮助他们在茫茫大海中航行。

  实际应用中，牵星术远不止简单地观测单个星体的位置。航海者会利用多个星座的相对位置，结合计算和观测，来确定船舶的精确位置和航向。除了牵星术，航海者还会使用罗盘和传统海图等导航工具。郑和的舰队成功完成多次远距离海洋航行的壮举，正是通过综合运用多种导航技术，才使得航行更加准确和安全。

  通过对牵星术的研究，历史学者可以深入了解古代中国航海者是如何在缺乏现代导航技术的情况下进行远洋航行的。这种技术的运用不仅展示了古代中国人民的智慧和勇气，也为我们揭示了古代海上丝绸之路的发展历程和其对世界政治、经济、文化等方面交流的重要影响。

古代造船技术

在中国五千年的漫长历史中，造船和航海技术成就辉煌，在世界上占有无与伦比的地位。

我们的祖先至少在新石器时代就广泛地使用了独木舟和筏。迄今为止我国发现最早的独木舟，于 2002 年在距今 8000 年的浙江萧山跨湖桥遗址出土。同一时期，在山东半岛最东端的荣成毛子沟一带发现的独木舟，舟长 3.9 米，舟身平面近长方形，底纵剖面呈弧形，用一段原木刳成，有 3 个舱。这个舟前翘后重，舱壁向外鼓起，已脱离了独木舟的最原始形态。学界一般认为，船的出现不会晚于夏代。1979 年，考古学家在山东庙岛群岛的大黑山岛发现了距今 4000 年的木船船尾残迹，又在庙岛西海塘近岸处的海底发现了数片龙山文化和岳石文化的陶片。这一切均表明在距今 5000 年前后，中国北方的先民就已经掌握了造船和航海技术。

先秦时代，中国东南沿海地区，包括今江苏、浙江、福建及两广沿海一带，其海上交通要道由吴、越两国掌控。当时，各滨江临海的诸侯国均发展了造船业，其中尤以吴国和越国的造船技术最为先进，《淮南子》有载"胡人便于马，越人便于舟"，生动反映了这一地域特色。越人不仅掌握高超的造船技术，其舟船种类也颇为丰富：战船有戈船、楼船，民船有扁舟、轻舟等。东晋与南朝时出现了若干名船，如朱雀大航、太白船、平乘舫、苍鹰船、苍兕船、飞燕船、飞舻巨舰等。隋唐时期中国的造船业更加发达，对发展海上交通做出了巨大贡献。

唐代，我国古代主要船型中著名的沙船和福船被广泛应用。沙船以平底船为基础，是在唐代发展演变出的新船种。沙船的特点是方头方尾，俗称方艄，平底，船身较宽。正是这样独特的设计，使

得沙船吃水浅，在水上航行时受到的阻力较小，行驶平稳，在水浅沙滩多的水域亦容易通过。沙船不仅成为内河航运的重要船种，而且用于海上航行；不仅用于长江口以北的近海航线，而且驰骋于南方沿海，甚至用于远洋航行。福船的船底形状与沙船的平底完全不同，"作尖圆形"，即两舷向下逐渐内收，俗称尖底船，船体横剖面近似\/形。其特点是吃水深，利于破浪而行。

宋代的船拥有令人惊叹的技术水平，当时出使海外的官方海船，其规模、外形很是壮观。徐兢《宣和奉使高丽图经》记载："旧例，每因朝廷遣使，先期委福建、两浙监司顾募客舟，复令明州装饰，略如神舟，具体而微。其长十余丈，深三丈，阔二丈五尺，可载二千斛粟。其制皆以全木巨枋挽叠而成，上平如衡，下侧如刃，贵其可以破浪而行也。"元代，西方人马可·波罗记载，当时行驶在印度洋上的中国海船，有舱房五六十间至百余间，此外尚有十三个以上的内舱，桅樯多至十二桅，有风扬帆，无风用橹，每一具橹要用十至十五人才能运动，船上水手多至六百人，并有水军四百人，可载客千余人。

我国在古代就能造出如此巨大豪华的船，这少不了属于我们自己的独门绝技。首先是大名鼎鼎的水密舱结构。水密舱是将船底舱用木板隔开，并在隔板与船舷的结合处合理采用拼接板材、钉锔加固、捻料填塞等方法予以密封。除了水密舱结构，榫钉接合与油灰捻缝技术也是古人造船的"黑科技"。以如皋出土唐船为例，船体纵向的木料均由三段榫接而成，两舷则以长木上下叠合，用两排铁钉上下交错钉联，船底则以铁钉按人字形排列钉牢。板材缝隙用石灰、桐油调和制成的捻料填充；铁钉钉入木板后，外面亦用油灰抹盖，板材严密坚固。整个船身都以榫卯和铁钉连接，木板的夹缝与空隙亦填充油灰。这种接合技术远比外国船先进。有了这些先进技术的加持，我国在古代便已拥有领先世界的造船和航海技术。

船舶操纵技术——船尾舵

　　船舵是用来操纵和控制船舶航向的，一般位于船尾，呈舵叶形，又称船尾舵，古人称为"凌波至宝"，是中国造船技术方面的一项重大发明。

　　东汉时期刘熙所著的《释名》中提及舵（柂）这一航海用语："其尾曰'柂'。柂，拖也，在后见拖曳也；且弼正船，使顺流，不使他戾也。"这段文字表明了在古代舵被用来控制船舶方向，使船舶能够顺利航行，保持航向不偏离。

　　中国船尾舵自唐代问世以来，根据使用特点和要求，在技术上不断发展并取得诸多颇具中国特色的进步，如平衡舵、升降舵、开孔舵等。

　　平衡舵：船舵以舵杆为分界线，若舵叶面全部在舵杆之后的称为不平衡舵；若有一小部分舵叶面移到舵杆前面就成了平衡舵。正

虹桥下的舟船

　　　　　　　　　　　　　　　　　传统文化中的科学

因为平衡舵的舵杆前也有一块舵叶面，对水压力能起到一定的平衡作用，这样就能够减小舵面的转动力矩，使操纵灵活轻便。

升降舵：升降舵是指船尾舵可以按照使用的需要随时升降。降舵，就是将大部分的舵叶面伸入船底之下，升舵与之相反。当船航行在深水区域时就可以将舵降下去，不仅扩大了舵的浸水面积，而且使尾板舵面的流态得到改善，提高舵效；当船进入浅水区时，就将舵提起来，以免伸出船底的舵叶面摩擦水底而受到损坏。

开孔舵：顾名思义，就是在舵面上打了许多孔的船舵，它可以有效地减小操舵时的转舵力矩，从而使转舵省力，而对舵效影响甚小。被称作广船的广东地区海船多航行于多礁水域且多数航行于江海之间，为避礁必须频繁操舵，对操作性要求较高，在需要频繁操舵的船上为减少操舵的劳累，采用开孔舵自然是一种不错的选择。

美国著名科技史学者坦普尔在其著作《中国：发明与发现的国度》中指出："如果没有从中国引进船尾舵、罗盘、多重桅杆等改进航海和导航的技术，欧洲绝不会有导致地理大发现的航行，哥伦布也不可能远航到美洲……"这表明中国船尾舵对全球航海技术的发展和进步产生了重要影响，推动了世界航海事业的发展。

铁甲舰

　　1884 年的中法马江海战中，福建水师以木船抗击法国的铁甲舰。这场战争中旧式战舰的不堪一击让清政府认识到加强海防建设的必要性，自主建造铁甲舰开始被提上日程。在以裴荫森为代表的造舰派的努力下，中国第一艘近海防御铁甲舰"平远"舰应运而生。

　　"平远"舰是以法国钢甲兵船"黄泉"级为母型设计建造的，这一型号军舰易于驾驶，经费开销少。但在建造的过程中并未完全按照母型建造，而是根据实际情况在细节上做了些取舍。"平远"舰排水量 2100 吨，作战定位为近海防御铁甲舰。舰长 59.99 米，舰宽 12.19 米，最高航速 10.25 节到 11 节。"平远"舰的主炮为德国制造的 260 毫米克虏伯炮，副炮为 150 毫米克虏伯炮，在当时是十分典型的"小船载大炮"。

"平远"舰

　　　　　　　　　　　　　　　　　　　　　　　传统文化中的科学

"平远"舰相较于早期建造的舰船，具有非常明显的进步性。其排水量和马力大于此前大部分舰船，并且改木铁结构为全钢结构。在武备上，"平远"舰的舰炮是 19 世纪 80 年代世界各主要国家海军普遍使用的后膛炮，后膛炮较前膛炮威力更大，大口径主炮和两具鱼雷发射管的配备使其在火力上明显优于此前所造舰船。在防护方面，"平远"舰在水线处有装甲防护，在舰体要害部位也做了特殊的防护，相较于以前的全木或是铁木结构舰船有了质的飞跃。

　　1888 年，"平远"舰建成下水，作为中国自主设计建造的一艘铁甲舰，与中国此前所造诸舰相比，具有极大的进步意义，是国人自主造舰技术水平提升的重要体现。

　　"平远"舰的建造受国人近海防御思想的影响，这一思想主导下的造舰选择既是国人对中国海洋权益认识不清的结果，也是当时符合清政府现实情况的选择。在自造舰船的这一过程中，认识与实践密不可分。海军的发展不能仅仅依靠单纯的造舰，而是要以先进的海军发展理论和适合本国国情的海军战略发展体系为基础。在新时代实现海洋强国梦的道路上，我们更要以史为鉴，以完备的海洋发展战略和海军发展体系为指导，让我们的舰队走向深蓝。

探新境，拓智慧

超级战舰——福建舰

2022年6月17日上午，我国第三艘航空母舰下水，命名为"中国人民解放军海军福建舰"，舷号为"18"。2024年5月1日8时许，福建舰从上海江南造船厂码头解缆启航，开展首次航行试验。福建舰是我国完全自主设计建造的首艘弹射型航空母舰，采用平直通长飞行甲板，配置电磁弹射和阻拦装置，满载排水量8万余吨。

福建舰上的电磁弹射装置一直是大家关心的前沿科技。采用弹射起飞的航空母舰会在甲板上安装多个弹射器，弹射器一般由动力系统、往复车、导向滑轨等构成。导向滑轨上的往复车可以牢牢抓住舰载机的前起落架，利用动力系统驱动往复车，拉着舰载机高速前行，最终像弹弓一样把舰载机弹出去。

除了电磁弹射，福建舰的舰岛还将很多雷达设备有效地集成在一起，不仅减少了雷达反射信号，提高了海上生存能力，在对空对海搜索中，先进的相控阵雷达以及多种通信设备、电子战设备也可以让福建舰在体系化作战中发挥出更强的实力。